海外利益维护基本问题研究

A Study on the Basic Issues of Safeguarding Overseas Interests

郎帅◎著

当代世界出版社

图书在版编目（CIP）数据

海外利益维护基本问题研究／郎帅著. -- 北京：当代世界出版社，2024. 12. -- ISBN 978-7-5090-1843-9

Ⅰ．D03

中国国家版本馆 CIP 数据核字第 2024NK3198 号

书　　名：	海外利益维护基本问题研究
作　　者：	郎帅 著
出 品 人：	李双伍
策划编辑：	刘娟娟
责任编辑：	刘娟娟　徐嘉璐
出版发行：	当代世界出版社
地　　址：	北京市东城区地安门东大街 70-9 号
邮　　编：	100009
邮　　箱：	ddsjchubanshe@163.com
编务电话：	（010）83907528
	（010）83908410 转 804
发行电话：	（010）83908410 转 812
传　　真：	（010）83908410 转 806
经　　销：	新华书店
印　　刷：	北京新华印刷有限公司
开　　本：	710 毫米×1000 毫米　1/16
印　　张：	15
字　　数：	169 千字
版　　次：	2024 年 12 月第 1 版
印　　次：	2024 年 12 月第 1 次
书　　号：	ISBN 978-7-5090-1843-9
定　　价：	85.00 元

法律顾问：北京市东卫律师事务所　钱汪龙律师团队　（010）65542827
版权所有，翻印必究；未经许可，不得转载。

序言 Preface

通常意义上，海外利益被视作"国家利益的延展"，它指的是一个国家通过参与国际交流而产生的、一种存在于国家领土范围以外的、新型的、合法的利益集合体。自2004年至今20年的时间里，中国学者给予了海外利益问题长期、连续的关注。学者们关注海外利益问题，实质关注的是中国海外利益维护问题。新中国成立特别是改革开放以来，我国海外利益实现了大规模、多种类的增加，涉及国家、企业、个人等多个主体，内含政治、经济、安全、文化等多种利益。改革开放纵深推进的过程亦是中国海外利益不断萌生、发展、增加的过程。时至今日，中国已经成长为一个名副其实的海外利益大国。中国海外利益的持续拓展与增加，推高了其遭遇风险的概率和频次，突出了海外利益维护问题研究的重要性与必要性。

当前和未来，中国拥有超大规模海外利益已经成为一个"新现实"，而思考如何维护中国海外利益已然成为一个"新常态"。对此，中国学界表现出了强烈的现实关怀与问题意识。2004年6月，国内三家重要研究机构（团体）——中国现代国际关系研究院、中国社会科学院和中国国际法学会汇集相关领域专家率先对海外利益与中国海外利益问题展开了讨论。① 2009 年和 2017 年，中共中央党校（国家行政学院）教授门洪华（现为同济大学教授）与中国社会科学院研究员钟飞腾两度合作撰文梳理了中国海外利益研究的阶段性进展，在 2009 年的文章中，两位学者探讨了推进中国海外利益研究的意义，分析了海外利益的概念，述评了国内外学者的研究成果，提出了中国海外利益研究的未来重点；② 在 2017 年的文章中，他们认为，国内外学界关于海外利益的研究"以 2008 年金融危机为界出现了两波研究潮流，其中第二波潮流明显在系统性论述上有了较大进展"③。2009 年至 2020 年间，政治学领域颇具影响力的期刊《世界经济与政治》先后刊发了六篇关于海外利益维护问题研究的文章。④ 2024 年 7 月 18 日，《中国社会科学报》第 6 版的"学术圆桌"栏目登载了夏莉萍、赵懿先、毛维准三位学者的文章，他们围绕海外利益保护的问题与应对、海外利益保护的多元治理模式、海外基础设施的保护等议题进行了对话，以期将相关研究进一步推向深入。⑤ 由此可见，中国学界对海外利

---

① 傅梦孜、刀书林、冯仲平、张运成：《中国的海外利益》，载《时事报告》，2004 年第 6 期。
② 门洪华、钟飞腾：《中国海外利益研究的历程、现状与前瞻》，载《外交评论》，2009 年第 5 期。
③ 门洪华、钟飞腾：《中国海外利益研究的两波潮流及其体系构建》，载《中国战略报告》，2017 年第 1 期。
④ 这六篇文章分别为苏长和：《论中国海外利益》，载《世界经济与政治》，2009 年第 8 期；张曙光：《国家海外利益风险的外交管理》，载《世界经济与政治》，2009 年第 8 期；刘莲莲：《国家海外利益保护机制论析》，载《世界经济与政治》，2017 年第 10 期；肖河：《国际私营安保治理与中国海外利益保护》，载《世界经济与政治》，2018 年第 1 期；杨娜：《欧洲大国的海外利益保护论析——以法国、英国和德国在非洲的利益保护为例》，载《世界经济与政治》，2019 年第 5 期；杨达：《日本在东南亚的海外利益保护论析》，载《世界经济与政治》，2020 年第 4 期。
⑤ 参见夏莉萍：《中国海外利益保护的挑战与应对》，载《中国社会科学报》，2024 年 7 月 18 日，第 6 版；赵懿先：《构建海外利益保护多元治理模式》，载《中国社会科学报》，2024 年 7 月 18 日，第 6 版；毛维准：《以总体治理思维保护海外基础设施》，载《中国社会科学报》，2024 年 7 月 18 日，第 6 版。

益维护问题的研究兴趣始终未减，而这与中国海外利益不断丰富的实际情况和屡次遭遇风险的现实境遇是密不可分的。

简单地来理解，海外利益维护指的是一个国家既要保护本国海外利益的生存权利，也要捍卫本国海外利益的发展权利，确保它的安全存在与安全发展。中国对海外利益维护的认识经历了一个复杂的过程。新中国成立后很长一段时间，受国内外严峻形势的影响，中国国家利益的重心基本在政治和安全上，只拥有少量的海外政治、安全和经济利益。1978年12月18日至22日，中国共产党第十一届中央委员会第三次全体会议在北京召开，会上作出了实行改革开放的重大决策。在此之后，一方面，"引进来"使得海外资本、技术、管理经验、市场等对中国发展而言变得愈发重要；另一方面，"走出去"逐渐成为中国对外开放、融入世界的重要一步。2001年中国加入世界贸易组织（WTO）后，中国的进出口贸易、对外直接投资、外汇储备、外国国债、对外援助，以及赴海外投资、建厂、经商、务工、求学、旅游的中国公民数量，都实现了大规模增长。中国海外利益的全球拓展增加了其遭遇风险的概率，并催生了海外利益维护这一重大议题。

2013年秋，习近平主席先后提出了建设"丝绸之路经济带"和"21世纪海上丝绸之路"，即共建"一带一路"倡议。共建"一带一路"倡议的提出和践行为中国海外利益拓展提供了新的契机。伴随着中国同共建"一带一路"国家政治交往的增多、经贸往来的增加、人员流动规模的扩大、基础设施的改善，以及资金融通的愈发频繁，中国海外利益迎来新的增长阶段。党的十九大报告指出："必须坚持国家利益至上，以人民安全为宗旨,以政治安全为根本,统筹外部安全和内部安全、国土安全和国民安全、传统安全和非传统安全、自身安全和共同安全,完善国家安全制度体系,加强国家安全能力建设,坚决维护国家主权、安全、发展利益。"[1] 党的二十大报告指出:"加强海外安全保障能力建设,维护我国公民、法人在海外合法权益。"[2] 很明显,中国特色社会主义进入新时代,中国海外利益维护也步入了一个新阶段。总体国家安全观、国家治理体系和治理能力现代化、中国式现代化、赋予中华文明以现代力量等一系列治国理政新理念、新思想、新战略的提出和创新实践的推进,昭示着海外利益安全已经成为总体国家安全的一个重要组成部分,其维护问题已不可忽视,开展海外利益维护问题研究恰逢其时。

当前,关于中国海外利益维护路径的研究主要集中在一般路径、维护战略和国际借鉴三个方面。一般路径的研究体现了一种"局部"视角,主要基于海外利益维护的某个维度,或是针对某类海外利益遇到的风险采取维护举措,构建维护机制。学者们在这个方面着墨较多,成果分布于经济安全维护、金融安全维护、能源安全维护、人员安全维护、企业安全维护等多个领域。维护战略的研究体现了一种"整体"视角,主要基于国内国际"两个大局"来审视海外利益,进行关于海外利益维护的长远考虑、顶层设计和战略谋划。这个方面的相关研究较为匮乏,缺乏系统且有分量的研究成果。国际借鉴的研究体现了一种"外部"视角,主要通过

---

[1] 习近平:《决胜全面建成小康社会 夺取新时代中国特色社会主义伟大胜利——在中国共产党第十九次全国代表大会上的报告》,载《人民日报》,2017年10月28日,第1版。

[2] 习近平:《高举中国特色社会主义伟大旗帜 为全面建设社会主义现代化国家而团结奋斗——在中国共产党第二十次全国代表大会上的报告》,载《人民日报》,2022年10月26日,第1版。

考察世界主要国家海外利益拓展和维护的经历，吸取经验教训，增益中国现实。这个方面，虽然美国、英国、日本、加拿大、印度等国的经验已经获得重视，但总体观之，挖掘不够，尚有待深入。未来，中国海外利益维护问题研究的空间广阔，大有可为。

本书进行了一项将海外利益维护问题研究系统化、科学化、理论化的尝试，通过梳理、整合学界现有成果，探讨了中国海外利益维护的研究概况、核心概念、主要实践、风险挑战、国际参鉴和政策主张等基本问题，搭建起了一个全要素分析框架，希冀为相关主题研究提供更为全面的基础性知识。

初生之物，其形必陋；思虑千遍，难免一疏。当作者基于所读、所学、所思、所见、所感，在书中博采众长、努力阐释个人见解之际，或许读者首先看到的是其中显而易见的问题，并因此引发了无穷无尽的质疑、反思和争论。倘若如此，本书的主要目的之一即告达成——希望读者给予海外利益议题更多的关注，促使读者对中国海外利益维护问题进行更多的思考，以服务于国家安全和发展大局，奉献于我们这个伟大的新时代。

郎帅
2024 年 7 月 31 日于青岛

目录

序　言

导　论　中国海外利益维护成为一项重大议题　/ 1
　　第一节　研究缘起　/ 1
　　第二节　文献综述　/ 7
　　第三节　研究设计　/ 46
　　第四节　创新与不足　/ 49

第一章　中国海外利益的概念与重要价值　/ 51
　　第一节　中国海外利益的概念论析　/ 51
　　第二节　中国海外利益的主要内涵　/ 73
　　第三节　中国海外利益的重要价值　/ 89

第二章　中国海外利益维护的主要实践　/ 98

　　第一节　改革开放前中国海外利益的维护　/ 98

　　第二节　改革开放后中国海外利益的维护　/ 104

　　第三节　新时代中国海外利益不断拓展　/ 126

第三章　中国海外利益维护面临的风险挑战　/ 134

　　第一节　中国海外利益维护面临的内部制约　/ 134

　　第二节　中国海外利益维护面临的外部风险　/ 142

　　第三节　中国海外利益维护面临的国际竞争　/ 152

第四章　世界大国海外利益维护的经验教训　/ 163

　　第一节　英国海外利益维护的启示　/ 163

　　第二节　美国海外利益维护的启示　/ 173

　　第三节　日本海外利益维护的启示　/ 190

第五章　新时代中国海外利益维护的政策主张　/ 204

　　第一节　中国海外利益维护的目标　/ 204

　　第二节　新时代中国海外利益维护的主要政策主张　/ 206

　　第三节　中国海外利益维护的影响　/ 220

结　论　/ 224

后　记　/ 227

导 论

中国海外利益维护成为一项重大议题

第一节 研究缘起

一、问题的提出

我们身处于一个变革的时代,世界在变,中国也在变。全球化深刻而全面地影响着世界;改革开放坚定而成功地改变着中国。在全球化浪潮的推动下,中国融入世界的步伐不断加快,中国国家利益的内涵也随之发生变化。在国家利益的结构中,中国海外利益所占比重不断上升,地位不断彰显,日益成为关乎中国国家安全、经济发展和人民福祉的一个关键变量。中国海外利益性能和地位的提升,使得对之进行维护的意义更加突出。进入21世纪,面对新形势、新挑战,思考如何维护中国海外利益已经成为各界共同关注的一项重大议题。

2004年8月25日至29日,在北京召开的第十次驻外使节会议上,时任国家主席胡锦涛明确提出:"要增强外交工作的创造性、主动性、进取性,维护和拓展我国国家利益。……要增强我国海外利益保护能力,完善相关法律法规,健全预警和快速反应机制,改进工作作风,满腔热情地为在国外的我国公民和法人服务。"① 2009 年 7 月 17 日至 20 日，第十一次驻外使节会议在北京召开，胡锦涛再次作出指示，要求外交工作"要坚持以人为本，依法维护我国公民和法人海外合法权益"②。2012 年 11 月 8 日至 14 日，中国共产党第十八次全国代表大会召开，胡锦涛代表第十七届中央委员会向大会作报告，进一步提出："扎实推进公共外交和人文交流，维护我国海外合法权益。"③ 2014 年 11 月 28 日至 29 日，中央外事工作会议在北京举行，习近平总书记指出："要切实维护我国海外利益，不断提高保障能力和水平，加强保护力度。"④ 2015 年 5 月，中华人民共和国国务院新闻办公室发布《中国的军事战略》白皮书，对当前形势作出判断："随着国家利益不断拓展，国际和地区局势动荡、恐怖主义、海盗活动、重大自然灾害和疾病疫情等都可能对国家安全构成威胁，海外能源资源、战略通道安全以及海外机构、人员和资产安全等海外利益安全问题凸显。"⑤ 因此，中国军队的一项重要使命就是维护中国海外利益的安全。2015 年的《政府工作报告》明确指出，要继续"维护我国公民和法人海外合法权益，……注重风险防范，提高海外权益保障能力"⑥。2016 年 3 月 16 日，十二届全国人大四次会议表决通过的《中华人民共和国国

---

① 《第十次驻外使节会议在京举行》，载《人民日报》，2004 年 8 月 30 日，第 1 版。
② 吴绮敏：《第十一次驻外使节会议在京召开 胡锦涛发表重要讲话》，载《人民日报》，2009 年 7 月 21 日，第 1 版。
③ 胡锦涛：《坚定不移沿着中国特色社会主义道路前进 为全面建成小康社会而奋斗——在中国共产党第十八次全国代表大会上的报告》，载《人民日报》，2012 年 11 月 18 日，第 1 版。
④ 《中央外事工作会议在京举行 习近平发表重要讲话》，载《人民日报》，2014 年 11 月 30 日，第 1 版。
⑤ 中华人民共和国国务院新闻办公室：《中国的军事战略》，载《人民日报》，2015 年 5 月 27 日，第 10 版。
⑥ 李克强：《政府工作报告》，载《人民日报》，2015 年 3 月 17 日，第 1 版。

民经济和社会发展第十三个五年规划纲要》指出："构建高效有力的海外利益保护体系，维护我国公民和法人海外合法权益。"[①] 2016 年的《政府工作报告》言明，要"加快海外利益保护能力建设，切实保护我国公民和法人安全"[②]。2017 年的《政府工作报告》强调，要"加快完善海外权益保护机制和能力建设"[③]。2018 年的《政府工作报告》表示，要"加强和完善海外利益安全保障体系"[④]。2021 年编制的《中华人民共和国国民经济和社会发展第十四个五年规划和 2035 年远景目标纲要》提出："构建海外利益保护和风险预警防范体系。优化提升驻外外交机构基础设施保障能力，完善领事保护工作体制机制，维护海外中国公民、机构安全和正当权益。"[⑤] 党的二十大报告指出："加强海外安全保障能力建设，维护我国公民、法人在海外合法权益。"[⑥] 2023 年，习近平总书记在中共中央政治局第十次集体学习时强调："要深化执法司法国际合作，加强领事保护与协助，建强保护我国海外利益的法治安全链。"[⑦]

党和政府对海外利益维护问题的持续重视，既表明了维护中国海外利益的坚定决心，又表明了开展这项工作的紧迫性、长期性和艰巨性。世界

[①]《中华人民共和国国民经济和社会发展第十三个五年规划纲要》，载《人民日报》，2016 年 3 月 18 日，第 1 版。
[②] 李克强:《政府工作报告》，载《人民日报》，2016 年 3 月 18 日，第 1 版。
[③] 李克强:《政府工作报告》，载《人民日报》，2017 年 3 月 17 日，第 1 版。
[④] 李克强:《政府工作报告》，载《人民日报》，2018 年 3 月 23 日，第 1 版。
[⑤]《中华人民共和国国民经济和社会发展第十四个五年规划和 2035 年远景目标纲要》，载《人民日报》，2021 年 3 月 13 日，第 1 版。
[⑥] 习近平:《高举中国特色社会主义伟大旗帜 为全面建设社会主义现代化国家而团结奋斗——在中国共产党第二十次全国代表大会上的报告》，载《人民日报》，2022 年 10 月 26 日，第 1 版。
[⑦]《习近平在中共中央政治局第十次集体学习时强调 加强涉外法制建设 营造有利法治条件和外部环境》，载《人民日报》，2023 年 11 月 29 日，第 1 版。

正值百年未有之大变局。现如今，中国已经成为一个名副其实的海外利益大国。[①] 面对不断变化且日益复杂的国内国际形势，面对日益加强的国内利益国际化和国际利益国内化趋势，中国需要对海外利益维护问题进行系统研究，建立关于这一问题的基本分析框架，形成常识性知识体系，从而不断提升自身适应国内经济社会发展趋势、顺应国际政治经济格局变动的能力，找准方向，合理分配资源，兼顾海外利益安全和国家发展大局。

有鉴于此，本书进行了一项将海外利益维护问题有关研究系统化、科学化、理论化的尝试，通过梳理、整合学界现有成果，探讨中国海外利益维护的研究概况、核心概念、主要实践、风险挑战、国际参鉴和政策主张等基本问题，搭建起一个全要素分析框架，希冀为相关主题研究提供更为全面的基础性知识，通过学理贡献来增益现实。

二、研究的意义

在21世纪以前，中国海外利益维护并未引起人们太多的注意。这一问题是在中国海外公民和企业遭遇的风险不断增多、损失不断加大的情况下逐渐浮出水面、进而上升为一项重要议题的。特别是在2008年后，中国海外利益维护问题愈发难以回避。伴随着中国融入世界的速度、广度与深度前所未有地呈现，中国要成功立足于世界，就必须维护好自身海外利益，同时使之持续拓展，保持旺盛的活力。在这种情形下，思考如何拓展与维护中国海外利益已经成为一个"新常态"。[②] 学者们开展相关主题的研究，既是时势所需，也是学术发展的必要。可以说，某种程度上，学界

[①] 郎帅、马程：《中国海外利益研究述要》，载《长春理工大学学报（社会科学版）》，2016年第3期。

[②] 郎帅、杨立志：《中国海外利益维护：新现实与新常态》，载《理论月刊》，2016年第11期。

关于海外利益维护问题的思考，本身就是一种维护中国海外利益的行为；学界关于海外利益维护问题的探讨，本身就是一种维护中国海外利益的努力。

第一，从学理层面来看，关于海外利益维护问题的研究有助于进一步推动中国海外利益研究总体的科学化和理论化。阅读梳理相关文献不难发现，从中国海外利益维护问题被提出至今[①]，相关研究成果已遍布进出口贸易、国际投资、国际金融、能源资源安全、共建"一带一路"、反对恐怖主义、外交保护等多个领域；而拓展与维护中国海外利益的思想智慧则散见于国内外学者的各类著述之中。但是，在这些著述中，较少看到专门且系统的研究成果，尤其是可以提升到理论高度或模式高度的学术成果。多数研究成果主要针对某一具体问题，涉及的陈述性内容偏多，理论性内容偏少。

然而，理论是"对现象的系统反映，以便解释各种现象，向人们展示它们是如何以有意义和有规律的方式相互联系的"[②]，它提供给人们认识问题的基本视角，赋予人们思考问题的基本方法，给予人们分析问题的基本依据，告诉人们"是否能够进行控制以及如何实现控制"[③]。当前理论研究上存在的这些不足，一方面表明了中国海外利益维护作为一项重要课题，有待进行更为深入的探讨；另一方面昭示了对该课题进行系统性研究

[①] 有关海外利益的研究久而有之。但是，海外利益一词直到2004年才开始正式且比较频繁地出现在中国官方和学术研究的语境中。普遍认为，这主要与2004年胡锦涛在第十次驻外使节会议上的讲话有关。

[②] 詹姆斯·多尔蒂、小罗伯特·普法尔茨格拉夫著，阎学通、陈寒溪等译：《争论中的国际关系理论》（第五版），北京：世界知识出版社，2013年版，第18页。

[③] 肯尼思·华尔兹著，信强译，苏长和校：《国际政治理论》，上海：上海人民出版社，2003年版，第9页。

的价值，为学界指明了努力方向——"中国必须学会运用相关理论去为中国海外利益的正常拓展进行理论说明"①。本书正是基于对后者的考量，进行了关于海外利益维护问题的理论思考，希望借此发展和升华前人的研究，提升中国海外利益维护问题研究的科学性、系统性和理论性。

第二，从现实层面来看，关于海外利益维护问题的研究有助于进一步推动中国发展和中国对外交往，有助于推动构建人类命运共同体。1978年12月，在党的十一届三中全会上，党中央作出了实行改革开放的战略决策，打开国门，大力发展对外贸易，积极引进国外的资本、先进技术、设备和管理经验；2000年3月，"走出去"战略出台，大量中国企业和中国公民走出国门、走向世界；2001年12月，中国加入世界贸易组织，成为第143个成员，中国的对外贸易迅速增长。伴随着中国海外利益的不断拓展，与之相关的维护问题逐渐被纳入现实考量。

2010年，中国的国内生产总值超过日本，跃居世界第二位，意味着中国的对外开放对世界其他国家和地区有了更大的影响力。2013年，伴随着共建"一带一路"倡议的提出，中国海外利益迎来新的拓展期，其对外部世界产生的影响更加广泛和深刻。纵观世界近现代史，每一个成功的全球性大国几乎都是一个能够巧妙地协调与他国关系、维护自身海外利益的国家。正因如此，开展关于海外利益维护问题的研究，就有了助益现实的蕴涵，既有利于中国的海外维权行动，也有利于促进中国的和平发展，维护世界的和平稳定，增进人类的共同福祉。

---

① 李志永：《"走出去"与中国海外利益保护机制研究》，北京：世界知识出版社，2015年版，第4页。

第二节 文献综述

一、国内研究综述

中国学界对中国海外利益问题的关注大致始于21世纪。从2004年该问题进入学界的视野迄今，已有20年时间。因此，有学者将2004年称为"中国海外利益研究的元年"[①]，这在学界有较为一致的认识。总体观之，国内关于中国海外利益的研究成果体现在国际关系、外交、国际贸易、对外投资、国际法等多个领域，相关议题与讨论涉及概念界定、生成原因、分布状况、风险挑战、维护路径等多个方面。主要特征是：总体数量庞大，但直接把中国海外利益作为分析核心的成果相对较少；涉及议题广泛，但对中国海外利益进行系统研究的作品较少；期刊类文章较多，著作类成果较少。截至2024年7月31日，以"海外利益"作为篇名关键词在中国知网上进行检索，包括期刊论文、会议论文、硕博士论文、报纸文章在内的相关文献共有262篇，见表0-1；以"海外利益"作为书名关键词在读秀学术搜索上进行检索，相关著作只有20部。

表0-1　中国知网"海外利益"相关文献的年度分布　　（单位：篇）

年份	2004	2005	2006	2007	2008	2009	2010
数量	2	3	0	3	3	8	15
年份	2011	2012	2013	2014	2015	2016	2017
数量	10	14	10	12	22	10	20

[①] 李志永：《"走出去"与中国海外利益保护机制研究》，北京：世界知识出版社，2015年版，第8页。

续表

年份	2018	2019	2020	2021	2022	2023	2024
数量	21	20	22	13	17	25	12

资料来源：作者根据中国知网检索结果自制。

（一）中国海外利益的概念界定

清晰的概念是一切研究得以顺利开展的前提。虽然海外利益自国家之间开始交往便已存在，但对当代的研究者来说，依然是一项比较新的课题，也是一项比较新的挑战。从研究之初直至今日，学界始终存在关于中国海外利益是什么的争论。关于中国海外利益的概念界定，中国学者的代表性观点主要有四类——中国国家利益说、中国利益说、综合说和国家说，见表0-2。

表0-2 中国海外利益概念界定的代表性观点

提出时间	提出者	概念类型	特征
2004年6月	刀书林	中国国家利益说	国家利益属性
2009年3月	陈伟恕	中国利益说	非国家利益属性
2009年8月	苏长和	综合说	综合属性
2009年8月	张曙光	国家说	战略属性

资料来源：作者根据上述四位学者的相关研究内容梳理自制。

1. 学说一：中国国家利益说

早在2004年6月，中国现代国际关系研究院、中国社会科学院和中国国际法学会就汇集了相关领域专家学者，率先对中国海外利益问题进行讨论。中国现代国际关系研究院原亚非研究所研究员刀书林认为，"中国海外利益即在中国领土之外的中国国家利益"①。他将"国境线"作为考察国家利益的界限，将之划分为境内和境外两个部分。境外国家利益即海外国家利益，是相对境内国家利益而言的。在内涵上，它属于国家利益的范畴；在外延上，与国内利益相对照，包括了国家的海外政治、经济、文化、安全等利益。这些利益以在中国境外的中国工作人员、侨民和相关机构等为载体。

2. 学说二：中国利益说

2009年3月，上海世界观察研究院教授陈伟恕提出了关于中国海外利益的另一概念。他认为："中国海外利益也可称为中国境外利益，是指在有效的中国主权管辖范围以外地域存在的中国利益。"② 这是相对中国境内利益或者说中国内部利益而言的。在方法上，中国利益说和中国国家利益说均把边境和海关作为概念界定的重要依据。不同的是，前者的中国海外利益内涵更加狭窄，特指"中国利益"；外延则更加宽泛，囊括了政府、企业、社会组织乃至个人等更多主体的利益。与中国国家利益说相比，中国利益说对中国海外利益与中国海外国家利益进行了区分，认为二者虽有部分重合，但存在明显的差别。③ 中国海外利益狭义上是指中国机构和公民在海外的生命、财产和活动的安全；广义上还包括在境外所有与中国政府、法人和公民发生利益关系的有效协议与合约，在境外所有中国

---

① 傅梦孜、刀书林、冯仲平、张运成：《中国的海外利益》，载《时事报告》，2004年第6期；杨磊、张运成：《中国该如何保护自己的海外利益》，载《中国经营报》，2004年6月21日。

② 陈伟恕：《中国海外利益研究的总体视野——一种以实践为主的研究纲要》，载《国际观察》，2009年第2期。

③ 郎帅、马程：《中国海外利益研究述要》，载《长春理工大学学报（社会科学版）》，2016年第3期。

官方和民间所应公平获得的尊严、名誉和形象。①

3. 学说三：综合说

2009年8月，上海外国语大学教授苏长和（现为复旦大学教授）通过整理和综合国家利益的相关学说，给出了关于中国海外利益的独特见解。在他看来，中国海外利益是指中国政府、企业、社会组织和公民通过全球联系产生的、在中国主权管辖范围以外存在的、主要以国际合约形式表现的中国国家利益。② 这一概念在内涵上坚持了国家利益的取向，但进行了更多的限定；在外延上囊括了更多主体，政府、企业、社会组织和公民的利益均涵盖其中。这些主体借助全球化网络进行利益拓展，以国际合约的形式对拓展的利益予以确认，共同构成了中国海外利益。具体来看，其包括六个组成部分：境外中国外交官和驻外机构的财产；海外中国公民及其财产；中国拥有的外国国债；中国的海外商品市场和原料基地；中国的对外投资；中国在公海、太空、极地等开展的合法项目。③

4. 学说四：国家说

几乎与苏长和同时，上海外国语大学特聘教授张曙光对中国海外利益作出了新的界定。他特别强调："国家的海外利益是国家对外政策与安全利益的自然与必然延伸，而非一般意义上的经济利益拓展。"④ 在内涵上，这一概念将国家的海外利益视为国家利益的一个组成部分，突出了海外利益的"国家"特质；在外延上，虽然该概念并不排斥经济利益，但是格

---

① 陈伟恕：《中国海外利益研究的总体视野——一种以实践为主的研究纲要》，载《国际观察》，2009年第2期。
② 苏长和：《论中国海外利益》，载《世界经济与政治》，2009年第8期。
③ 同①。
④ 张曙光：《国家海外利益风险的外交管理》，载《世界经济与政治》，2009年第8期。

外重视对外政策与安全利益，将之分为核心、重要和边缘三个等级，这与前几位学者的认识明显不同。另外，张曙光在界定海外利益时只提及了"国家的"利益，并没有涉及其他主体的利益。①他刻意规避概念宽泛可能造成的误区，着重从国家战略的高度上厘清中国海外利益。对此，天津师范大学教授王存刚（现为南开大学教授）表示赞同，他认为，为避免"将海外社会利益混同于海外国家利益，宜将中国海外利益仅视为中国在境外拥有的国家利益"②。

上述关于中国海外利益概念的四种学说，代表了中国学界在相关研究上付出的理论化努力。他们都注意到了中国海外利益的"境外性"特征，但在视角上又有所差别，反映了中国海外利益的不同侧面。学说一指出了海外利益的"国家利益"属性，学说二则强调了海外利益的"非国家利益"特性，学说三体现了海外利益的"综合性"特质，学说四则突出了海外利益的"战略性"蕴涵。所有这些差异，一方面反映了中国海外利益作为一项比较新的课题向研究者提出的挑战；另一方面凸显了学者们更新利益认知观念、结合形势发展进行新的思考的重要性和必要性。在本书作者看来，中国海外利益已经远远超出了传统国家利益的范畴，因此，关于其内涵的认知也要有新的突破。基于进一步把研究推向深入的考虑，强化对中国海外利益概念的共识十分必要。

（二）中国海外利益的生成原因

不论是中国政府还是学界，对海外利益问题的关注实际上体现了一种

---

① 当然，这并不意味着张曙光教授没有意识到其他主体海外利益的存在。因为，在谈及"国家的"利益的同时，就暗含了还包括国家外的其他主体的利益。
② 王存刚：《外部战略环境的新特点与中国海外国家利益的维护》，载《国际观察》，2015年第6期。

利益观念的变化，这在更深层次上反映出对中国海外利益生成原因和拓展路径的思索。新中国成立后的很长一段时期内，维护国家主权与安全等是国家利益的重点。换言之，该时期中国国家利益的内容是相对固定的，也是有地域局限性的，主要表现在国家的领土范围之内。然而，世间万物，不变是相对的，变化才是绝对的。国家利益始终处于动态形成与调整过程之中。[1] 海外利益的出现体现出了国家利益在内容上的扩展。对此，中国学界主要从外部和内部两个方面阐释原因。

1. 外部成因

全球化的发展和国家间相互依赖的加深重塑了国家的利益结构，进而突出了中国海外利益这一新型利益。全球化加强了国家之间的相互联系，史无前例地将各个国家、各个地区、世界连接为一个整体，加速了每一个参与其中的行为体在利益内容上的拓展和延伸。对中国来说，全球化首先具有的是基础平台功能，即为中国国家利益的发展创造了更加广阔的外部空间。借助全球化，中国可以利用国内国际两种资源来实现发展，谋求本国利益，追求本国目标。中国现代国际关系研究院欧洲研究所研究员冯仲平认为，"全球化为中国提供了外部最佳的时机与条件"[2]；在暨南大学博士张志看来，"全球化的发展使得海外利益在国家利益中所占的份额在增加，重要性在增强"[3]；华中师范大学学士叶小娇和蒋凯则认为，"全球化是中国提出'海外利益'概念最深刻的外部根源，是中国海外利益凸显

---

[1] 王逸舟：《国际利益再思考》，载《中国社会科学》，2002年第2期。
[2] 杨磊、张运成：《中国该如何保护自己的海外利益》，载《中国经营报》，2004年6月21日。
[3] 张志：《关于维护和拓展中国海外利益问题的思考》，载《社会科学论坛》，2008年第12期。

并放大的'原动力'"①。其次，全球化还丰富了中国国家利益的实现手段。全球化促使人类社会结构和交互方式网络化。② 经济、政治、文化等领域的全球化使得中国与世界之间建立了多孔道的联系，从而打造出了经济、政治和文化多位一体的"组合工具箱"，增加了中国的政策选择空间。外交学院硕士白云认为，"全球化使得国家利益更多地超越了国家的边界，在内容、结构和维护手段上都发生了变化"③。

2. 内部成因

中国国家发展方略的调整与中国国家利益的变化二者之间有着直接的因果关系，前者的变动促进了中国海外利益的迅猛增长。基于国家自身来看，"各国对各自国家利益、国际定位的认识不同，根源在于国家实力、国际化程度和对国际事务参与深度和广度的级差"④。国内学者注意到了中国实行改革开放、融入世界给国家利益带来的诸多影响。首先，改革开放推动了中国的经济发展，激发了更多的海外经济诉求。在复旦大学教授唐贤兴看来，"产生中国海外利益的一个动因就是中国改革开放以来经济发展战略的变化"⑤。2000年以前，中国推行的是"引进来"和"与国际接轨"，为了发展，主动向外资开放；2000年之后，中国的经济发展进入

---

① 叶小娇、蒋凯：《中国海外利益分析》，载《湖北经济学院学报（人文社会科学版）》，2010年第9期。
② 李涛：《中国海外利益》，北京：国际文化出版公司，2013年版，第11页。
③ 白云：《当代中国海外利益拓展及维护初探》，外交学院硕士学位论文，2010年，第12页。
④ 汪段泳：《海外利益实现与保护的国家差异——一项文献综述》，载《国际观察》，2009年第2期。
⑤ 唐贤兴：《海外利益的保护与中国对外政策的变化》，载《江苏行政学院学报》，2009年第6期。

了"走出去"的阶段,"主要表现在供应和需求方面的数量增加"①。中国社会科学院研究员冯昭奎指出,伴随着中国"走出去"脚步的加快,"海外市场成了海外利益的重要方面;对外能源需求形成了很重要的海外利益;对外投资成了海外利益的重要组成部分"②。南开大学教授吴志成[现为中共中央党校(国家行政学院)教授]和博士董柞壮(现为南开大学副教授)认为,"'一带一路'战略的实施大大扩展了中国海外利益的内涵与外延"③。其次,改革开放刺激了非国家行为体的海外需求,充实了中国海外利益的内容。复旦大学硕士武丽丽发现,在"走出去"的激励下,近年来,"中国企业提升了向国际进军的步伐,非政府组织开展的对外交流活动更加频繁,公民海外务工、留学、旅游的人数日益增多"④。再次,由保障上述利益而催生出的其他利益在增加。在中国现代国际关系研究院美洲研究所研究员傅梦孜看来,"海上通道安全与否,直接攸关海外利益的实现"⑤。复旦大学博士王金强(现为上海对外经贸大学教授)认为,中国始终强调自己发展中国家的定位,展现负责任大国形象,这是其"在全球化国际社会建构过程中形成的海外利益的'新坐标'"⑥。

学者们对中国海外利益生成原因的分析结合了内外两方面因素,展现了世界发展大势和中国发展二者之间的关系。实际上,中国的变化是全球

---

① 郑永年:《中国应考量如何保护其海外利益》,载《科学决策月刊》,2007年第3期。
② 杨磊、张运成:《中国该如何保护自己的海外利益》,载《中国经营报》,2004年6月21日。
③ 吴志成、董柞壮:《"一带一路"战略实施中的中国海外利益维护》,载《天津社会科学》,2015年第6期。
④ 武丽丽:《中国海外利益的发展、威胁及其保护》,复旦大学硕士学位论文,2010年,第7页。
⑤ 傅梦孜、刀书林、冯仲平、张运成:《中国的海外利益》,载《时事报告》,2004年第6期。
⑥ 王金强:《国际体系下的中国海外利益分析》,载《当代世界》,2010年第4期。

化的一部分，中国海外利益的拓展不可避免地受到外部世界的影响。当然，这些影响既有积极的，也有消极的。正像人们常说的，全球化是一把"双刃剑"。尽管如此，中国对外开放、融入世界的进程也是不可逆的。当前，全球化和中国的发展都面临着一系列挑战，这要求学界在思考中国海外利益相关问题时，要紧跟形势变化，不能把"全球化"和"中国"作为恒定不变的"影响因素"。因为，中国海外利益的生成与拓展始终无法脱离中国与世界这对"关系"而存在。另外，对于中国自身的发展，尤其战略层面的选择，学界要格外重视。

(三) 中国海外利益的分布状况

中国海外利益是真实、客观的存在，其涉及的领域、呈现的地区一直是中国学界关注的重点。虽然海外利益的分布状况表明了它的存在形式、地理方位和安全状态，但具体到如何对之进行界定，学者们有着不同的见解，缺乏统一的标准。陈伟恕认为，应从业态、域态、时态和主态四个维度对中国海外利益的分布状况进行考察。[①] 这种分类方法比较全面，值得借鉴，见表0-3。

表0-3 中国海外利益的分布状况

维度	内容
业态分布	海外能源、投资、制造、通信、文化、对外援助和基础设施建设等
域态分布	欧美日等发达地区和国家、中国周边地区、能源资源丰富的国家

---

① 陈伟恕：《中国海外利益研究的总体视野——一种以实践为主的研究纲要》，载《国际观察》，2009年第2期。

续表

维度	内容
时态分布	改革开放前后的利益、2008年国际金融危机前后的利益、萌芽期的利益、发展期的利益与迅速增长期的利益
主态分布	国家、企业、社会组织、个人

资料来源：作者根据相关研究内容自制。

1. 维度一：业态分布

从业态分布来看，中国海外利益是涵盖了多个产业的"综合体"，包括海外能源、投资、制造、通信、文化、对外援助和基础设施建设等。例如，有人发现，中国在苏丹拥有"海外最大、最完整的石油投资，覆盖勘探、采油、输油管、炼油厂和港口等各分支"[①]；门洪华和钟飞腾认为，近年来国内学界对中国海外利益的研究集中于对外贸易、对外投资和国际金融合作、能源资源供应这些重要领域[②]；华南师范大学教授唐昊主要关注了国家安全、海外公民权益、国际认同和海外商业四个方面的利益，包含国际旅游、文化交流、对外直接投资等[③]；西北政法大学教授丁韶彬（现为陕西师范大学教授）梳理和分析了新中国成立至2009年的对外援助史，指出中国已被视为一个重要的"新兴援助体"[④]；上海外国语大学教授吴瑛以孔子学院为例，考察了中国文化的海外传播现状[⑤]；山东大学

[①] 吴强：《苏丹危机挑战中国海外石油利益》，载《南风窗》，2004年第18期。
[②] 门洪华、钟飞腾：《中国海外利益研究的历程、现状与前瞻》，载《外交评论》，2009年第5期。
[③] 唐昊：《关于中国海外利益保护的战略思考》，载《现代国际关系》，2011年第6期。
[④] 丁韶彬：《官方发展援助新趋势与中国对外援助》，载汪段泳、苏长和：《中国海外利益研究年度报告：2008—2009》，上海：上海人民出版社，2011年版，第219—254页。
[⑤] 吴瑛：《孔子学院：中国文化海外传播的现状与问题》，载汪段泳、苏长和：《中国海外利益研究年度报告：2008—2009》，上海：上海人民出版社，2011年版，第255—281页。

教授范玉刚探讨了中华文化的海外传播与海外文化利益拓展①，提出"有效拓展海外文化产业利益和文化权益"②。

2. 维度二：域态分布

从域态分布来看，中国海外利益已经遍布全球，形成了一个覆盖多个地区、涵盖多个层次、包含多个重点的格局。例如，赵全胜注意到中国在现代化、民族主义和区域主义等方面的调整，其中，中美、中俄、中国与朝鲜半岛，以及中国与东南亚各国的关系变化是重点。③ 傅梦孜认为，"中国的海外经济利益大部分集中在欧美日等发达地区和国家；中国在中亚和周边的利益，特别是经济利益正在日益增加；出于对能源以及原材料的需求，中国与亚洲之外的发展中国家的经济合作近些年也在提升"④。中共中央党校（国家行政学院）硕士陈晔统计了中国海外利益的分布情况："对外直接投资重点在亚洲和拉美；对外贸易、文化利益在欧洲和亚洲；公民安全集中于非洲和亚洲；能源利益聚集于中东、非洲等主产区。"⑤ 中国国际经济交流中心研究员张茉楠指出了中国"走出去"目的地的"两个地区转移趋势"——从东南亚、北美洲等地区向非洲、拉美、中亚、中东等地区转移；从国家风险相对较低、较为熟悉的地区向风险相

---

① 范玉刚：《中华文化的海外传播与海外文化利益拓展》，载《社会科学辑刊》，2023年第3期。
② 范玉刚：《在维护和拓展海外文化利益中增强中华文明传播力影响力》，载《学习与探索》，2023年第7期。
③ Quansheng Zhao, "Chinese Foreign Policy in the Post-Cold War Era", *World Affairs*, Vol. 159, No. 3, 1997, pp. 114-129.
④ 傅梦孜、刀书林、冯仲平、张运成：《中国的海外利益》，载《时事报告》，2004年第6期。
⑤ 陈晔：《试析中国海外利益内涵及分布》，载《新远见》，2012年第7期。

对较高、较为陌生的地区转移。① 兵团党委党校（行政学院、社会主义学院）副教授丁兴安则探讨了中国在共建"一带一路"中的海外利益拓展。②

3. 维度三：时态分布

从时态分布来看，中国海外利益在不同时期具有不同内容，安全状态也有所差异。1978年被学者们视为一个关键节点，原因在于，该年中国实现了历史上的伟大转折。例如，冯仲平就指出，"中国海外利益从上世纪70年代末以来，已经有了更广阔的内涵"③。2008年也格外受到学界重视，因为该年爆发了国际金融危机，钟飞腾将之看作"中国国际战略布局和海外利益拓展的转折点"④。另有学者对中国海外利益的历史演进进行了系统梳理。陈晔将之分为三个时期：起步期（1949—1978年），主要关注政权巩固、国家安全与主权的完整和独立；迅速发展期（1978—2008年），海外利益的主要内容在此时出现；深化期（2008年至今），海外利益进一步延伸。⑤ 吉林大学博士郎帅［现为中国石油大学（华东）副教授］等将之分为三个阶段：奠基阶段（1949—1978年），关注国际认同和意识形态利益；发展阶段（1978—2000年），关注驻外机构和人员，突出经济利益；急速增长阶段（2000年至今），中国发展成为一个海外利

---

① 张茉楠：《加紧建立中国海外利益保障网》，载《证券时报》，2011年4月11日，第A3版。
② 丁兴安：《"一带一路"战略推进中的海外利益拓展与维护》，载《胜利油田党校学报》，2015年第6期。
③ 傅梦孜、刀书林、冯仲平、张运成：《中国的海外利益》，载《时事报告》，2004年第6期。
④ 钟飞腾：《后危机时代的中国海外利益》，载《世界博览》，2010年第2期。
⑤ 陈晔：《论中国海外利益的维护和拓展》，中共中央党校（国家行政学院）硕士学位论文，2012年，第38—39页。

益大国。① 山东大学博士王发龙（现为山东青年政治学院教授）基于对中国海外政治、经济、文化、安全四种利益的考察，将之分为改革开放前的艰难萌生期、改革开放后的缓慢起步期和21世纪以来的快速发展期。②

4. 维度四：主体分布

从主体分布来看，中国海外利益的主体多元。刀书林认为，中国海外利益的载体主要有三类：境外的中国工作人员、侨民及相关机构。③ 中国人民解放军国际关系学院教授毕玉蓉认为，"企业是中国海外经济利益的重要承担者"④。暨南大学教授曹云华等关注了华侨华人的角色，视他们为"中国海外利益的重要承载者和开拓者"⑤。陈伟恕则指出，中国海外利益的主体狭义上包括中国的机构和公民，广义上包括国家、法人和个人。⑥ 苏长和的阐释更为具体和详细："其一，政府。自改革开放以来，中国的各部分都广泛地、不同程度地卷入到对外关系的进程中。其二，地方。地方特别是沿海省份的国际化。其三，企业。企业无疑是最重要、最关键也是能量最大的主体。其四，社会组织和公民。越来越多的中国民间社团开始走出国门，成为全球社团网络中的一员。"⑦

当前关于中国海外利益的这些基本认知，对于进一步思考与之相关的

---

① 郎帅：《中国海外利益维护与拓展模式研究》，吉林大学硕士学位论文，2013年，第27页；肖晞、郎帅：《中国海外利益维护与拓展模式构建探析》，载《学习与探索》，2015年第9期。
② 王发龙：《国际制度视角下的中国海外利益维护路径研究》，山东大学博士学位论文，2016年，第68—89页。
③ 杨磊、张运成：《中国该如何保护自己的海外利益》，载《中国经营报》，2004年6月21日。
④ 毕玉蓉：《中国海外利益的维护与实现》，载《国防》，2007年第3期。
⑤ 刘静、曹云华：《华侨华人与中国的海外利益》，载《八桂侨刊》，2008年第4期。
⑥ 陈伟恕：《中国海外利益研究的总体视野——一种以实践为主的研究纲要》，载《国际观察》，2009年第2期。
⑦ 苏长和：《论中国海外利益》，载《世界经济与政治》，2009年第8期。

拓展与维护问题意义重大。中国学界对中国海外利益分布状况的探讨体现了它的三个特征：全球性，中国海外利益的范围已经波及全球，覆盖了各个产业、各个地区；变化性，在不同时期中国海外利益具有不同的蕴涵，受到不同因素的影响；非均衡性，中国海外利益的产业分布、地区分布和主体分布都不平衡。但是，这些研究也存在局限性，首先，缺乏将海外利益作为一个"整体"的认识，难免给人以"海外利益内容繁杂、无所不包"之印象；其次，缺乏对海外利益"价值"的系统审视，只强调了某些利益、某些地区的重要性。

（四）中国海外利益面临的挑战

中国海外利益受到如此多的关注，很大程度上是因为其不断遭遇侵犯的事实。全球化对中国的影响宛若一枚金币的两面：一方面，伴随着中国同外部世界的联系不断加强，中国海外利益获得了迅速增长，中国发展受惠于世界的发展；另一方面，面对全球性问题的日益涌现，中国海外利益的实现越来越受到全球性问题的制约和束缚。[①] 世界形势、地区环境及对象国国内状况等因素都在对中国海外利益产生影响，而且这些影响大多都是不可逆的。综合来看，中国学者主要关注了我国海外利益面临的两大挑战。

1. 挑战一：安全风险

中国在发展成为一个全球性海外利益大国的同时，也在成为一个海外利益风险攀升的大国。一系列传统和非传统安全威胁正在恶化中国海外利

[①] 王金强：《现实建构主义视野下的中国海外利益分析》，载《当代世界社会主义问题》，2010年第1期。

益的生存状态。例如，中国人民解放军南京政治学院硕士成曦归纳了损害我国海外公民权益的四类因素：恐怖主义等政治因素；企业竞争等经济因素；排华情绪等意识因素；泥石流等自然或偶然因素。① 苏长和根据程度轻重，总结了中国海外利益可能遇到的七类威胁：体系性战争；对象国战争；对象国陷入无政府状态；对象国政府立场变化；西方国家对华政策变更；针对中国的社会暴力；国际模糊地带存在的犯罪活动。② 不难看出，苏长和聚焦的主要是政治层面的风险。上海社会科学院研究员孙霞系统研究了这类风险，并从海外经济利益的"主体性"出发，将之分为三大类：国家对外投资的政治风险，如战乱、制裁等；企业海外并购的政治风险，如民族排外心理、西方国家的担忧等；华商海外经营的政治风险，如所在国经营政策突变、国际恐怖活动等。③ 外交学院教授凌胜利讨论了中国海外利益维护中的网络安全问题，指出，中国面临大国博弈、规则缺位和维权困难等挑战。④ 广西民族大学研究员廖春勇和天津师范大学教授高文胜关注了现阶段中国海外利益的三类风险：一是国际环境风险，二是海外利益东道国风险，三是中国的内部挑战。⑤ 北京外国语大学教授谢韬按照造成风险的行为主体将中国海外利益面临的风险分为两大类，一类为官方风险，主要指外国政府作为行为主体带来的风险；另一类为非官方风险，其

---

① 成曦：《努力维护海外公民利益》，载《华夏星火》，2005年第6期。
② 苏长和：《论中国海外利益》，载《世界经济与政治》，2009年第8期。
③ 孙霞：《中国海外利益的政治风险与侨务公共外交》，载《华侨华人研究》，2012年第2期。
④ 凌胜利：《中国海外利益保护中的网络安全问题研究》，载《中国信息安全》，2022年第7期。
⑤ 廖春勇、高文胜：《当前我国海外利益面临的主要风险及对策研究》，载《广西社会科学》，2018年第6期。

一来自个人行为体，其二来自非政府组织。① 贵州警察学院教授刘锦涛重点讨论了中资企业海外利益面临的安全风险。②

2. 挑战二：大国竞争

中国海外利益的拓展是以中国的快速发展为背景的。在这一过程中，中国与其他大国的关系也在发生变化，主要表现为国际体系中的"结构性变动"。首先，中国海外利益的迅速拓展招致了既有世界大国的恐惧，中国的海外活动受到了它们的排挤。其中，以美国、日本和欧洲一些国家为代表。英国诺丁汉大学教授郑永年［现为香港中文大学（深圳）教授］认为，中国要"走出去"同这些国家展开资本竞争并不容易，因为中国和这些国家在文化上、政治价值观上存在很大差异，中国的行为经常被它们错误解读，冠以"背后有政治目的"的标签；另外，中国的"走出去"会同西方既得利益发生冲突，中国海外利益的拓展可能会对大国之间的关系产生影响。③ 在王金强看来，"这种困境的根源正是现实主义关于相对权力和相对收益的考虑"④。中南财经政法大学教授刘新华的解释是，"西方发达国家建立并主导了当今的国际体系，它们拥有极其广泛的海外利益，需要保持西方阵营在世界范围内的既得利益和权力地位，打压可能对自己利益和地位构成威胁的潜在对手"⑤。北京外国语大学副教授刘辰等指出，"来自美国等外部国家的竞争和挤压是中国维护在南北苏丹利益过

---

① 谢韬：《中国海外利益保护：分类、风险与措施》，载《中国信息安全》，2022年第7期。
② 刘锦涛：《中资企业海外利益保护面临的安全风险及警务对策思考》，载《河南警察学院学报》，2023年第2期。
③ 郑永年：《中国应考量如何保护其海外利益》，载《科学决策月刊》，2007年第3期。
④ 王金强：《现实建构主义视野下的中国海外利益分析》，载《当代世界社会主义问题》，2010年第1期。
⑤ 刘新华：《论中国海外利益》，载《当代世界》，2010年第8期。

程中面对的巨大挑战"①。清华大学教授阎学通等认为，2019年，中美两国竞争格局拉开序幕，中美两国在数字领域战略竞争不断加剧。②清华大学教授胡鞍钢等发现，一直存在的中美结构性矛盾已被激活，中美两国围绕互害性利益的对抗行为明显增加，互害性利益上的协商合作明显减少，中美两国的总体获益受损。③除了与发达国家的结构性矛盾，中国同其他新兴经济体的竞争也在不断增多。新兴经济体的群体性崛起既为中国海外利益的拓展提供了机遇，也扩大了中国与它们的竞争面。在海外投资布局、资源能源需求、国际市场选择等方面，中国和这些国家具有很大的一致性，"利益竞争已经不可避免地成了中国与其他新兴大国互动的新内容"④。

很显然，作为一个发展中的全球性大国，中国受到的挑战也是多方面的。国内研究几乎已经涉及了这些挑战的方方面面，其中既有体系层面、国家层面的因素，也有个人层面乃至自然层面的因素。但是，关于中国海外利益安全状态影响变量的考察大部分聚焦于外部因素，对国内的一些影响因素却关注不多。很显然，中国海外利益作为一种特殊的利益，既属于中国，又存在于国境之外，受制于国内国际的双向互动。另外，相关研究基本上只列举了中国海外利益面临的各类风险和威胁，而对于哪些是可控的、哪些是不可控但可以改善的、哪些是完全不可控的，并未作区分。所

---

① 刘辰、张宏：《中国在南北苏丹的海外利益维护》，载《北华大学学报（社会科学版）》，2012年第5期。
② 阎学通、徐舟：《数字时代初期的中美竞争》，载《国际政治科学》，2021年第1期。
③ 胡鞍钢、刘东浩、杨骅骝：《中美战略竞争的发展趋势——基于利益-综合国力分析框架》，载《海南大学学报（人文社会科学版）》，2023年第3期。
④ 郎帅、马程：《中国海外利益研究述要》，载《长春理工大学学报（社会科学版）》，2016年第3期。

有这些问题都关乎中国海外利益维护的路径选择，需要着力探讨。

（五）中国海外利益的维护路径

很大程度上，关于中国海外利益的研究就是关于中国海外利益维护问题的研究。根据上述中国知网的检索结果，在262篇关于中国海外利益的文献中，几乎所有文章内容都涉及其维护问题。仅标题中包含"维护""保护""捍卫""保障"等关键词的文章就达到186篇，占比超过七成。这表明，"如何维护中国海外利益"已成为国内学界中国海外利益研究的核心问题。总体来看，学界对中国海外利益维护路径的探索主要包括三类：一般维护、战略维护和国际借鉴。

1. 路径一：一般维护

海外利益维护的一般路径体现了一种"局部"视角，主要指基于海外利益维护的某个维度，或是针对某类海外利益遇到的风险，所采取的维护举措、构建的维护机制。例如，张志关注了中国的能源安全问题，对建立、保护和拓展中国海外能源利益机制进行了思考，包括三个部分：拓展油气来源渠道；加强运输通道建设；规避能源价格波动风险。[①] 张曙光围绕国家的对外政策与安全利益展开研究，认为，中国需要"在外交战略考虑、制度安排、资源配置、机制创新、公共教育、技术开发与利用、国际合作等方面推动海外利益风险的外交管理"[②]。针对中国海外经济利益面临的威胁，王发龙探讨了其维护机制的建设问题，内容包括战略框架构建、法制与政府机构完善、国际机制的运用与改革、军事力量的投射、民

---

① 张志：《全球化背景下中国海外利益的保护和拓展研究》，暨南大学博士学位论文，2008年，第79—91页。

② 张曙光：《国家海外利益风险的外交管理》，载《世界经济与政治》，2009年第8期。

间力量的辅助等。①北京师范大学教授吕晓莉等则考察了中国海外利益保护的社会机制建设问题，指出，要"拓宽海外利益保护思路"，充分发挥行业协会、华人华侨及民间组织的作用。②云南大学副研究员李涛在其专著中探讨了中国海外公民安全利益、经济利益、能源安全利益维护的路径与方略，提出了建设相关保障体系的设想。③对外经济贸易大学教授李志永在其专著中，围绕"走出去"，探讨了中国的领事保护机制、警务外交及企业公共外交的发展。④武汉大学教授漆彤等讨论了构建中国海外利益保护法律体系的问题，提出"以统筹国际法治和国内法治，统筹立法、执法、司法、守法，统筹使用法律工具和非法律工具为基本路径"⑤。中国人民公安大学教授张杰、中国社会科学院副研究员肖河等探讨了利用国际私营安保等新式工具来维护中国海外利益的可能性。⑥

2. 路径二：战略维护

对海外利益进行战略维护的探索体现了一种整体视角，主要指基于国内国际"两个大局"来审视海外利益，进行关于海外利益维护的顶层设计和战略谋划。例如，苏长和提出，以利益发展来促进利益保护，把构建

---

① 王发龙：《中国海外经济利益维护机制探析》，载《学术交流》，2015年第4期。
② 吕晓莉、徐青：《构建中国海外利益保护的社会机制探析》，载《当代世界与社会主义》，2015年第2期。
③ 李涛：《中国海外利益》，北京：国际文化出版公司，2013年版。
④ 李志永：《"走出去"与中国海外利益保护机制研究》，北京：世界知识出版社，2015年版。
⑤ 漆彤、范晓宇：《论中国海外利益保护法律体系的构建》，载《思想战线》，2023年第4期。
⑥ 张杰：《"一带一路"与私人安保对中国海外利益的保护——以中亚地区为视角》，载《上海对外经贸大学学报》，2017年第1期；肖河：《国际私营安保治理与中国海外利益保护》，载《世界经济与政治》，2018年第1期；肖河：《当前国际私营安保治理与我国海外利益保护》，载《海外投资与出口信贷》，2019年第5期；林龙：《中国私营安保企业参与海外利益保护探析》，载《现代企业》，2023年第9期。

一种"共同发展模式"作为中国的选择,具体就是:"包容的利益观是共同发展模式的基础;强调利益的分享、包容、共赢和互利;其独特之处在于'把民生作为先导'。"[①] 郎帅等也进行了关于中国海外利益维护与拓展模式的思考,具体表现为一个"权力、制度和文化相互作用、相互支撑的立体模式","以正确义利观为观念内核,突出共同利益;以综合运用自身实力为权力内核,坚持和平发展;以现代化国际制度能力为制度内核,彰显高效有序"[②]。唐昊则从国际机制建设的角度探讨了"保护和拓展海外利益的大战略",具体涉及国际机制、国家关系、企业能力、国家能力、国际形象建设五个方面。吉林大学硕士刘鑫也注意到了强化国际制度能力的重要意义。[③] 王发龙则更加系统地研究了海外利益维护的国际制度路径,提出中国要"加强国际制度层面的战略规划,在参与、改革、构建国际制度等环节上积极有为"[④]。南京大学副教授孙晓光(现为曲阜师范大学教授)等从海洋强国战略调整、利用共建"一带一路"倡议提供的机遇等方面分析了中国海外利益的转型与维护问题。[⑤] 北京大学副教授刘莲莲探讨了中国海外利益保护机制的国际合法性建设问题[⑥],并站在

[①] 苏长和:《保护发展海外利益,中国选择"共同发展"模式》,载《文汇报》,2010年10月14日,第9版。
[②] 郎帅:《中国海外利益维护与拓展模式研究》,吉林大学硕士学位论文,2013年;肖晞、郎帅:《中国海外利益维护与拓展模式构建探析》,载《学习与探索》,2015年第9期。
[③] 刘鑫:《国际制度能力与中国海外利益的维护与拓展》,吉林大学硕士学位论文,2013年。
[④] 王发龙:《中国海外利益维护路径研究:基于国际制度的视角》,载《国际展望》,2014年第3期;王发龙:《国际制度视角下的中国海外利益维护路径研究》,山东大学博士学位论文,2016年。
[⑤] 孙晓光、张赫名:《海洋战略视域下的中国海外利益转型与维护——以"一带一路"建设为中心》,载《学习与探索》,2015年第10期。
[⑥] 刘莲莲:《国家海外利益保护机制论析》,载《世界经济与政治》,2017年第10期;刘莲莲:《论国家海外利益保护机制的国际合法性:意义与路径》,载《太平洋学报》,2018年第6期;刘莲莲:《中国在非洲海外利益保护的法理与实践》,载《世界知识》,2018年第17期。

中国等后发大国的立场，反思和修正了既有国际组织创设理论的缺陷①。中国人民警察大学副教授郭永良等梳理了习近平总书记关于海外利益安全的重要论述，认为习近平总书记的一系列专题讲话和重要指示批示，提出了海外利益保护的新概念、新命题、新话语，凝练出了海外利益安全保护的新思考、新战略。②

3. 路径三：国际借鉴

海外利益维护的国际借鉴体现了一种"外部"视角，指考察世界主要国家的海外利益维护和拓展经历，吸取其经验教训，进而增益中国现实。美国是学者们的首要参照对象。例如，上海外国语大学副研究员汪段泳发现，美国在海外利益的维护上运用了国际法赋予的外交工具和国际制度工具，同时以军事手段为坚强后盾。③ 中国国际问题研究院研究员甄炳禧从环境营造、法律制定、政府机构设置、海外投资保险制度建立、预警和应急机制创设、信息服务、军力使用、企业战略等方面介绍了美国的做法。④ 陈晔从法律、制度、外交、军事等角度概述了美国的海外利益保护举措。⑤ 中国现代国际关系研究院博士宋莹莹等则专门研究了美国海外经

---

① 刘莲莲：《后发大国视域下的国际组织创设逻辑——从反思和改造西方国际组织创设理论展开》，载《厦门大学学报（哲学社会科学版）》，2024年第2期。
② 郭永良：《习近平总书记关于海外利益安全重要论述研究》，载《江南社会学院学报》，2023年第2期；张灯：《习近平关于我国海外利益保护重要论述研究》，载《东岳论丛》，2023年第9期。
③ 汪段泳：《海外利益实现与保护的国家差异——一项文献综述》，载《国际观察》，2009年第2期。
④ 甄炳禧：《新形势下如何保护国家海外利益——西方国家保护海外利益的经验及对中国的启示》，载《国际问题研究》，2009年第6期。
⑤ 陈晔：《中美两国海外利益对比分析及启示》，载《攀登》，2010年第6期；陈晔：《美国海外利益保护机制》，载《中国社会科学报》，2012年3月14日，第B2版。

济利益的保护机制及启示。① 海军大连舰艇学院副教授闫巍则阐述了美国海外利益推进过程中对海军力量的政治运用。② 英国的经验也受到关注。例如，南开大学教授杨娜认为，非洲国家陆续独立后，英国延续并发展了殖民时期将宗主国管理与当地情况相融合的模式，为英国维护并拓展在非利益减少阻碍。③ 日本也是被分析的对象之一。例如，郎帅等将日本的海外利益维护归结为一种同心圆模式，即以经济为中心，经济既是目标也是手段。④ 法国、欧盟、加拿大等近来也成为热门研究对象。例如，杨娜指出，法国通过投资、驻军、货币挂钩等途径在经济、贸易和金融领域保持对非洲的全面影响，确保海外利益最大化。⑤ 上海外国语大学教授钱皓则指出，多边路径、多元措施是加拿大实现本国海外利益的主要方式。⑥ 另外，印度等一些新兴经济体的成功经验也被发掘出来。例如，在上海国际问题研究院研究员刘宗义看来，印度主要是"通过运用双边外交手段进行国际合作，利用地区性或全球性多边机制、对外援助、军事手段、民主

---

① 宋莹莹：《简析美国海外经济利益保护机制》，载《世界经济与政治》，2012 年第 8 期；李众敏：《美国保护海外经济利益的实践与启示》，载《金融发展论坛》，2012 年第 10 期；邢凯旋、于军、邓光娅：《美国海外经济利益维护及评述——兼论中国海外经济利益维护能力的提升》，载《四川行政学院学报》，2015 年第 3 期；王发龙：《美国海外利益维护机制及其对中国的启示》，载《理论月刊》，2015 年第 3 期；刘群：《美国海外利益安全保护体系》，载《中国投资》，2018 年第 23 期。

② 闫巍：《美国海外利益推进中海军力量的政治运用》，载《军队政工理论研究》，2014 年第 5 期。

③ 杨娜：《欧洲大国的海外利益保护论析——以法国、英国和德国在非洲的利益保护为例》，载《世界经济与政治》，2019 年第 5 期。

④ 郎帅：《中国海外利益维护与拓展模式研究》，吉林大学硕士学位论文，2013 年；郎帅、辛璐璐：《日本的海外利益维护战略及其启示》，载《长春理工大学学报（社会科学版）》，2017 年第 6 期。

⑤ 同③。

⑥ 钱皓：《加拿大外交部与国家海外利益保护》，载《国际观察》，2015 年第 6 期。

价值观等观念性力量,以及民间力量等手段来保护其海外利益"①。中共中央党校(国家行政学院)教授于军指出,印度通过地区和全球性合作机制、维护海外印度公民利益、积极塑造国家形象、展开各种海军外交等措施和手段保护其海外利益。②

综合观之,国内关于中国海外利益维护路径的研究已经初具规模。既有一般性的策略应对,也有战略性的谋划设计;既有对中国自身发展的思索,也有对国外案例的考察。学者们关于中国海外利益维护路径的论述,有助于相关主体建立维护自身权益的方式。客观而言,与研究初期相比,这体现了非常大的进步性。但是,相关研究仍未完全理清中国作为一个新兴世界大国的行事逻辑,虽然也结合了外部形势的变化,但大部分研究依然主要基于中国语境。要知道,中国已经成为一个"具有一定领导角色的新兴大国"③,而大国的一定是世界的。这要求我们在思考中国海外利益维护问题时,不能仅仅从"维护"的现实维度出发,还要考虑到"治理"的责任维度,即如何增益地区治理和全球治理,促进世界秩序的和谐稳定。

二、国外研究综述

国外学者对海外利益问题的关注较早。中国学者大多把 16 世纪英国重商主义代表人物托马斯·孟(Thomas Mun)的著作《英国得自对外贸易的财富》一书作为国外学界海外利益研究的标志。在时间维度上,这与西方世界在地理大发现之后开展的大规模海外扩张相吻合。对海外利益

---

① 刘宗义:《印度海外利益保护及其对中国的启示》,载《现代国际关系》,2012 年第 3 期。
② 于军:《印度海外利益的拓展与维护及其对中国的启示》,载《探索》,2015 年第 2 期。
③ 郎帅:《国际关系中的"位置"变化与中国的领导角色》,载《领导科学》,2016 年第 10 期。

的追求以及在海外利益拓展过程中遇到的问题迫使欧美国家的政界、商界和学界率先对相关议题进行了思考。在宏大的世界近现代历史叙事中，从早期的葡萄牙、西班牙、荷兰，到之后的英国、法国、德国，再到今日之美国，西方诸强都在谋划如何扩展本国的利益范围，推进本国的利益边界。这些国家对自身海外利益的研究久远而丰厚，相关文本、著作不胜枚举。

尽管如此，具体到中国海外利益问题上，国外学界的研究并不比中国学界领先，这与新中国海外利益拓展的现实情况有关。改革开放后，中国打开国门，与外部世界的全方位互动逐渐展开，中国海外利益开始大规模萌生并快速增长。在此背景下，国外学界注意到相关现象，进而发起了有关中国海外利益的研究。国外学者对"China's Overseas Interest"（中国海外利益）这一术语的使用，也是近20年的事。他们对中国海外利益问题的关注概括起来包括两个方面：中国海外利益的内容与中国海外利益的影响。

（一）中国海外利益的内容

国外学者的研究秉承了他们的一贯思路，主要基于"中国问题"这一宏大背景和相关知识体系来研究中国海外利益问题。自新中国成立以来，中国发生的一切向世界充分证明了其政策和行动的重要性。[1] 其他国家和生活在世界其他地方的人们，有必要重拾对中国的重视。很显然，中国的发展和中国海外利益的大量涌现属于中国变化的一部分，国外学界对中国海外利益问题的关注可视为对中国问题研究的深化。与国内学者不同，国外学者并未尝试给中国海外利益下一个定义，而是直接触及中国海

---

[1] O. Edmund Clubb, "Living with China as a Great Power", *The Annals of the American Academy of Political and Social Science*, Vol. 351, No. 1, 1964, pp. 140–147.

外利益的内涵，从不同侧面对中国海外利益进行了研究。

第一，国外学者首先注意到的是中国的海外政治利益和海外安全利益。中国外交取得的成就以及中国在重要国际组织中的权利地位是其主要内容。尽管中国海外利益拓展集中于改革开放之后，但是中国的海外政治利益和海外安全利益在新中国成立后便十分突出。苏联曾被视为中国最重要的海外政治资产，布热津斯基（Zbigniew Brzezinski）称之为"中苏集团"（the Sino-Soviet Bloc）[1]。陈兼把1954—1955年看作中苏同盟的"黄金时代"[2]。但是，中苏关系从20世纪50年代中后期开始恶化，中国的这一海外政治资产因此逐渐消失。[3] 中美关系正常化后，中美关系进入了一个新阶段。白鲁恂（Lucian W. Pye）认为，中国由美国的敌手变为了其人民眼中的"大白鲸"[4]。基辛格（Henry A. Kissinger）认为，"仅一年半

---

[1] Zbigniew K. Brzezinski, "Political Developments in the Sino-Soviet Bloc", *The Annals of the American Academy of Political and Social Science*, Vol. 336, No. 1, 1961, pp. 40-52.

[2] Chen Jian, *Mao's China and the Cold War*, Chapel Hill: University of North Carolina Press, 2000, p. 62; Allen S. Whiting, "Dynamics of the Moscow-Peking Axis", *The Annals of the American Academy of Political and Social Science*, Vol. 321, 1959, pp. 100-111; Frank C. Zagare, "The Geneva Conference of 1954: A Case of Tacit Deception", *International Studies Quarterly*, Vol. 23, No. 3, 1979, pp. 390-411; Thomas J. Christensen, *Worse than a Monolith: Alliance Politics and Problems of Coercive Diplomacy in Asia*, Princeton N. J: Princeton University Press, 2011, pp. 109-145.

[3] Alexander Dallin, "Russia and China View the United States", *The Annals of the American Academy of Political and Social Science*, Vol. 349, No. 1, 1963, pp. 153-162; G. P. Deshpande, "China's Foreign Policy in the Seventies", *Economic and Political Weekly*, Vol. 5, No. 16, 1970, pp. 667-680; J. A. Naik, "Sino-Soviet Confrontation: Repercussions on Soviet Foreign Policy", *Economic and Political Weekly*, Vol. 5, No. 1, 1970, pp. 25-26; Allen S. Whiting, "Sino-Soviet Relations: What Next?", *The Annals of the American Academy of Political and Social Science*, Vol. 476, No. 1, 1984, pp. 142-155; G. P. D, "No Sino-Soviet Summit May Not be Bad News After All", *Economic and Political Weekly*, Vol. 23, No. 5, 1988, pp. 177-178.

[4] "白鲸"在西方寓意为"纯洁善良的人"，在此表明美国对中国认知的转变。参见 Lucian W. Pye, "China and the United States: A New Phase", *The Annals of the American Academy of Political and Social Science*, Vol. 402, No. 1, 1972, pp. 97-106。

的时间，中美两国关系就由尖锐对立、孤立的情形，进展到实质结盟共御头号大敌"[1]，形成了一种"准联盟"关系[2]。奥克森伯格（Michel Oksenberg）等学者则将这段时期的中美关系定义为"准盟友"，即双方虽没有明确的条约义务，但在战略和安全上彼此支持、协调行动。[3] 借助中美关系的改善，中国在中美苏"战略大三角"（the Strategic Triangle）中获得了更多的行动自由。[4]

与美苏相比，广大亚非拉国家是中国更为持久的政治合作伙伴。奥康纳（A. M. O'Connor）认为，中国作为第三世界国家的一员，在历史经历、经济发展水平、政治倾向等方面，与这些国家具有相似性。[5] 在此基础上，中国积极发展与这些国家的友好关系，争取它们的外交支持。这集中而突出地体现在1971年中华人民共和国恢复在联合国合法席位一事上，在众多发展中国家的倡议和支持下，中国恢复在联合国的一切合法权利。[6]

冷战结束后，世界多极化趋势日渐明显，中国的海外政治利益和海外安全利益也随之发生了变化。奥克森伯格指出，中国较为突出的海外利益

---

[1] 亨利·基辛格著，顾淑馨、林添贵译：《大外交》，海口：海南出版社，2012年版，第744页。
[2] 亨利·基辛格著，胡利平等译：《论中国》，北京：中信出版社，2012年版，第272—290页。
[3] Michel Oksenberg and Robert B. Oxnam, *Dragon and Eagle: United States-China Relations: Past and Future*, New York: Basic Books, 1978.
[4] Lowell Dittmer, "The Strategic Triangle: An Elementary Game-Theoretical Analysis", *World Politics*, Vol. 33, No. 4, 1981, pp. 485–515; Roger Glenn Brown, "Chinese Politics and American Policy: A New Look at the Triangle", *Foreign Policy*, No. 23, 1976, pp. 3–23.
[5] A. M. O'Connor, "'Third World' or One World?", *Area*, Vol. 8, No. 4, 1976, pp. 269–271.
[6] Samuel S. Kim, "The People's Republic of China in the United Nations: A Preliminary Analysis", *World Politics*, Vol. 26, No. 3, 1974, pp. 299–330; Trong R. Chai, "Chinese Policy Toward the Third World and the Superpowers in the UN General Assembly 1971–1977: A Voting Analysis", *International Organization*, Vol. 33, No. 3, 1979, pp. 391–403.

导　论　中国海外利益维护成为一项重大议题

是获得了自鸦片战争以来一个前所未有的外部安全环境,可以与亚洲其他国家建立积极关系。① 在后冷战时代,美国和俄罗斯对于中国的安全与发展而言意义重大。中美关系的稳定是中国重要的外交利益,与美国发展一种合作型关系对中国的稳定和繁荣具有积极作用。② 中俄关系也是如此。国外一些学者认为,俄罗斯是中国在世界舞台上的一个外部战略支撑性力量。③ 除了国家间关系外,国外学界还关注了中国在国际货币基金组织、世界贸易组织等国际组织中的权利拓展。④

　　第二,国外学者对中国海外利益的核心关注在于海外经济利益。进出口贸易、对外投资、海外能源资源需求是核心领域。一些学者注意到了改革开放前中国的对外贸易情况——额度小且不稳定。新中国成立初期,中

---

① 罗伯特·A. 帕斯特编,胡利平、杨韵琴译:《世纪之旅——世界七大国百年外交风云》,上海:上海人民出版社,2001年版,第334页。
② Wang Jisi, "China's Search for Stability with America", *Foreign Affairs*, Vol. 84, No. 5, 2005, p. 39.
③ Elizabeth Wishnick, "Russia and China", *Asian Survey*, Vol. 41, No. 5, 2001, pp. 797–821; Paradorn Rangsimaporn, "Russia's Debate on Military-Technological Cooperation with China: From Yeltsin to Putin", *Asian Survey*, Vol. 46, No. 3, 2006, pp. 477–495; Peter Ferdinand, "Sunset, Sunrise: China and Russia Construct a New Relationship", *International Affairs* (Royal Institute of International Affairs 1944–), Vol. 83, No. 5, 2007, pp. 841–867; Richard Weitz, "SUPERPOWER SYMBIOSIS: The Russia-China Axis", *World Affairs*, Vol. 175, No. 4, 2012, pp. 71–78; Gordon G. Chang, "CHINA AND RUSSIA: An Axis of Weak States", *World Affairs*, Vol. 176, No. 6, 2014, pp. 17–29.
④ James V. Feinerman, Natalie Lichtenstein and Fengming Liu, et al. "China's Entry into the International Economic System", *Proceedings of the Annual Meeting* (American Society of International Law), Vol. 82, No. 1, 1988, pp. 172–194; Jane Golley and Ligang Song, *Rising China: Global Challenges and Opportunities*, Canberra: Australian National University Press, 2011; Y. Y. Kueh, *Pax Sinica: Geopolitics and Economics of China's Ascendance*, Hong Kong: Hong Kong University Press, 2012; Ross Garnaut and Ligang Song, *New Engine of World Growth*, Canberra: Australian National University Press, 2012; Barry Eichengreen and Ngaire Woods, "The IMF's Unmet Challenges", *The Journal of Economic Perspectives*, Vol. 30, No. 1, 2016, pp. 29–52.

国主要与社会主义国家特别是苏联建立了经济联系。[①] 中国的出口集中在农产品和矿产品上，小阿瑟·阿什布鲁克（Arthur G. Ashbrook Jr.）注意到，农业在新中国第一个"五年计划"中的一大作用，就是提供出口货物以支付进口机械设备和工业原材料的费用。[②] 格罗斯曼（Bernhard Grossman）等详细考察了1950—1969年间中国与社会主义国家、非社会主义国家的经贸往来[③]，特别是中国与东南亚国家、中国与拉美国家、中国与加拿大、中国与日本的经贸关系[④]。改革开放后，中国的对外贸易形势发生了很大变化，中国的贸易伙伴、贸易种类及贸易规模都获得了前所未有的增长。何宝山（Samuel P. S. Ho）指出，中国已经制定了雄心勃勃的现代化计划，与西方国家的关系已大为改善，它们之间的贸易前景十分乐观。[⑤] 郭益耀（Y. Y. Kueh）和豪（Christopher Howe）发现，1979年，

---

① 中苏经济关系的相关文献参见 A. Z., "Trade Between China and the Soviet Bloc", *The World Today*, Vol. 11, No. 5, 1955, pp. 202-210; Kurt London, *Unity and Contradiction: Major Aspects of Sino-Soviet Relations*, New York: Praeger, 1962; Nicolas Spulber, *Study of the Soviet Economy*, Bloomington: Indiana University, 1961。

② Arthur G. Ashbrook Jr., "The Economy of Communist China: Its Present Status and Its Future Prospects: A Lecture Delivered at the Naval War College 6 October 1960", *Naval War College Review*, Vol. 13, No. 4, 1960, p. 23.

③ Bernhard Grossman, "International Economic Relations of the People's Republic of China", *Asian Survey*, Vol. 10, No. 9, 1970, pp. 789-802.

④ 中国与东南亚国家的经贸关系研究参见 Shao Chuan Leng, "Communist China's Economic Relations with Southeast Asia", *Far Eastern Survey*, Vol. 28, No. 1, 1959, pp. 1-11。中国与拉美国家的经贸关系研究参见 George Ginsburgs and Arthur Stahnke, "Communist China's Trade Relations with Latin America", *Asian Survey*, Vol. 10, No. 9, 1970, pp. 803-819。中国与一些发达国家的经贸关系研究参见 O. R., "British Trade with Communist China", *The World Today*, Vol. 7, No. 12, 1951, p. 540; Frank Flaherty, "Canadian Interests in the China Trade", *International Journal*, Vol. 12, No. 3, 1957, pp. 182-185; Shao-Chuan Leng, "Japanese Attitudes Toward Communist China", *Far Eastern Survey*, Vol. 27, No. 6, 1958, pp. 81-89; Frank E. Samuel Jr., "Changing Perspective on East-West Trade", *World Affairs*, Vol. 128, No. 3, 1965, pp. 168-171。

⑤ Samuel P. S. Ho, "The China Trade: Recent Developments and Future Prospects", *Pacific Affairs*, Vol. 53, No. 2, 1980, pp. 269-289.

中国还是贸易逆差,但到1982年就实现了贸易顺差,为68.68亿美元。[1] 西格尔(Gerald Segal)的研究显示,虽然中国的对外贸易增速较快,但1997年中国在世界贸易总额中的比例仅为3%,依然较小。[2] 中国对外贸易的大规模增长始于2001年中国加入世界贸易组织之后。肯特(Ann Kent)认为,加入世界贸易组织等国际组织有助于中国融入国际社会,实现国家利益目标。[3] 瑞森(Sally Razzen)发现,加入世界贸易组织后,中国的出口结构发生了变化——从农产品到纺织品等软制造品再到电子电器和计算机等硬制造品,2010年,发展中国家制造出口的五分之二源自中国。[4] 郜若素(Ross Garnaut)指出,改革开放40年间,中国始终保持着变革的节奏,2017年,中国的经济规模是1998年的5.3倍,国际贸易额是1998年的12.6倍。[5] 安德森(T. Andersen)在分析中提出,当今中国不仅在电动汽车生产上占据领导地位,还掌握着大部分相关供应链,锂电池所需的大部分关键矿物都在中国国内加工。[6]

伴随着中国对外开放的深化,中国对外投资也实现了快速增长。凯

---

[1] Y. Y. Kueh and Christopher Howe, "China's International Trade: Policy and Organizational Change and Their Place in the 'Economic Readjustment'", *The China Quarterly*, No. 100, 1984, pp. 813-848.

[2] Gerald Segal, "Does China Matter?", *Foreign Affairs*, Vol. 78, No. 5, 1999, pp. 24-36.

[3] Ann Kent, "China's International Socialization: The Role of International Organizations", *Global Governance*, Vol. 8, No. 3, 2002, pp. 343-364.

[4] Sally Razzen, "Chinese Trade Policy After (Almost) Ten Years in the WTO: A Post-Crisis Stock-Take", https://ecipe.org/publications/chinese-trade-policy-after-almost-ten-years-in-the-wto-a-post-crisis-stocktake/.

[5] Ross Garnaut, Ligang Song and Cai Fang, *China's 40 Years of Reform and Development: 1978-2018*, Canberra: Australian National University Press, 2018, p. 29.

[6] T. Andersen, "Renewable Power: How China Came to Dominate the Electric Vehicle and Battery Industry", International Centre for Defence and Security (ICDS), Feburary 1, 2024, p. 1.

文·蔡（Kevin G. Cai）指出，自1993年开始，中国成为世界第二大引资国，与此同时，中国还扮演了一个日益重要的对外直接投资输出国角色。① 查尔德（John Child）和罗德里格斯（Suzana B. Rodrigues）考察了中国知名企业的国际化模式，分析了它们进军国际市场、进行对外投资的动机。② 巴克利（Peter J. Buckley）等人选取了1984—2001年中国对外直接投资的数据，探讨了其决定性因素。他们认为，1984—1991年中国的对外直接投资伴随着较高的政治风险，分布在文化和地缘上相近的国家；1992—2001年，中国对外直接投资的目标转向了自然资源。③ 何威和莱尔斯（Marjorie A. Lyles）通过研究得出，中国加入世界贸易组织后，美国已成为其对外直接投资的一大目的地。④ 张贤旺（Yin-Wong Cheung）等归纳了中国对外直接投资的四个特点：一是市场与资源需求同时驱动；二是对发展中国家的出口促进了中国的投资；三是中国的外汇储备促使中国投资；四是中国的资本倾向于在发达国家聚集，在发展中国家分散。⑤ 罗斯（Andrew G. Ross）和弗莱明（Neil Fleming）发现，按地区划分的中国对外直接投资存量表明，自2013年共建"一带一路"倡议提出以来，中国

---

① Kevin G. Cai, "Outward Foreign Direct Investment: A Novel Dimension of China's Integration into the Regional and Global Economy", *The China Quarterly*, No. 160, 1999, pp. 856–880.

② John Child and Suzana B. Rodrigues, "The Internationalization of Chinese Firms: A Case for Theoretical Extension?", *Management and Organization Review*, Vol. 1, No. 3, 2005, pp. 381–410.

③ Peter J. Buckley, L. Jeremy Clegg and Adam R. Cross et al. "The Determinants of Chinese Outward Foreign Direct Investment", *Journal of International Business Studies*, Vol. 12, No. 4, 2007, pp. 389–398.

④ Wei He and Marjorie A. Lyles, "China's Outward Foreign Direct Investment", *Business Horizons*, Vol. 51, No. 6, 2008, pp. 485–491.

⑤ Yin-Wong Cheung and Xingwang Qian, "Empirics of China's Outward Direct Investment", *Pacific Economic Review*, Vol. 14, No. 3, 2009, pp. 312–341.

的对外投资大幅增长。① 史剑道（Derek Scissors）在研究中指出，2005—2022年，中国的全球投资和建设总额达到2.27万亿美元，从历史来看，发达国家和地区接收的中国投资最多，其中，美国是接收最多的国家、欧洲是接收最多的地区，但新冠疫情期间，中国的对外投资放缓。②

中国经济的快速发展和人民生活水平的持续提高使其能源资源需求不断增加。能源是实现增长和发展的重要元素，对非洲、拉美、中东和东南亚等地区的发展中国家来说更是如此。③ 中国的现代化和经济增长离不开海外能源资源供应。斯米尔（Vaclav Smil）指出，中国虽然幅员辽阔，拥有十分丰富的煤炭资源，但是石油和天然气资源相对匮乏，特别是天然气资源，人均占有率较低。在此情势下，能源安全成为中国决策者的一个主要关注点。④ 崔大伟（David Zweig）等的研究发现，经济的蓬勃发展、城市化进程的加快、出口的增加、人民对汽车购买需求的增加，推高了中国对石油、天然气、建筑材料的需求。中国已成为世界第二大进口国。围绕能源需求，中国外交也在发生变化。⑤ 郜若素等探讨了中国经济发展与能源资源需求之间的关系，在他们看来，中国的能源资源需求已经从中亚、

---

① Andrew G. Ross and Neil Fleming,"The Impact of Chinese Foreign Direct Investment on Host Country Economic Growth", *Local Economy*, Vol. 37, No. 6, 2022, pp. 507-525.

② Derek Scissors,"China's Global Investment Surges, Finally", American Enterprise Institute, July 1, 2023, p. 7.

③ José Goldemberg,"Energy Needs in Developing Countries and Sustainability", *Science*, New Series, Vol. 269, No. 5227, 1995, pp. 1058-1059.

④ Vaclav Smil,"China's Energy and Resource Uses: Continuity and Change", *The China Quarterly*, Vol. 156, 1998, pp. 935-951. 相关内容还可参见 Daniel Yergin,"Ensuring Energy Security", *Foreign Affairs*, Vol. 85, No. 2, 2006, pp. 69-82; Hongyi Harry Lai,"China's Oil Diplomacy: Is It a Global Security Threat?", *Third World Quarterly*, Vol. 28, No. 3, 2007, pp. 519-537。

⑤ David Zweig and Bi Jianhai,"China's Global Hunt for Energy", *Foreign Affairs*, Vol. 84, No. 5, 2005, pp. 25-38.

中东、非洲和拉美等地区扩展到了澳大利亚、巴布亚新几内亚及俄罗斯；中国的能源和金属矿石进口远远超过了其他国家的水平，使得中国非常关注全球政治稳定，并成为促使中国参与全球政治的一个因素。① 耶蒂夫（Steve A. Yetiv）等讨论了中东地区对于中国能源安全和国家利益的影响。② 马必胜（Mark Beeson）等的研究聚焦中国与澳大利亚、南非的"新资源政治"（New Resource Politics）。③ 温斯利（Simon Wensley）等论述了中国能源需求的增长和能源政策面临的"三重困境"。④ 杜懋之（Mathieu Duchtel）等认为，中国海外能源利益持续快速增长，通常是在非洲、中亚和中东地区政治不稳定的国家，因此，在这些地区的中国企业面临着日益增加的政治和安全风险（尽管这些不一定只针对中国），包括武装冲突、政治不稳定、恐怖主义、腐败、有组织犯罪和海盗等。⑤

可见，中国海外利益已成为国外学界关注的热点之一，他们的研究内容涉及中国海外利益的多个方面。改革开放前，中国的海外政治利益和海外安全利益受到关注；改革开放后，中国的海外经济利益特别是对外贸易、对外投资和海外能源资源需求是重点研究领域。毕竟，中国的发展首先体现在经济上，中国影响力的获得也是以经济为基础的。

---

① Ross Garnaut and Ligang Song, *The Turning Point in China's Economic Development*, Canberra: Australian National University Press, 2006, pp. 276-293.

② Steve A. Yetiv and Chunlong Lu, "China, Global Energy, and the Middle East", *Middle East Journal*, Vol. 61, No. 2, 2007, pp. 199-218.

③ Mark Beeson, Mills Soko and Wang Yong, "The New Resource Politics: Can Australia and South Africa Accommodate China?", *International Affairs* (Royal Institute of International Affairs 1944-), Vol. 87, No. 6, 2011, pp. 1365-1384.

④ Ross Garnaut, Cai Fang and Ligang Song, *China: A New Model for Growth and Development*, Canberra: Australian National University Press, 2013, pp. 301-319.

⑤ Mathieu Duchâtel, Oliver Bräuner and Zhou Hang, *Protecting China's Overseas Interests: The Slow Shift Away from Non-interference*, SIPRI Policy Paper, Stockholm: SIPRI, 2014.

（二）中国海外利益的影响

中国海外利益不是凭空而来的，是中国在与外部世界的互动中逐渐产生并发展壮大的，是一系列"关系"的产物，是中国与世界大国、发达国家、发展中国家进行政治、经济、安全和文化交往的结果。国外学界关注中国海外利益本身及其带来的影响，即，中国选择以什么方式拓展其海外利益，和平的还是暴力的？中国以什么方式维护其海外利益，单方面的还是多方面的？中国海外利益对于其他国家而言，是利好还是灾难？这都是国外学者们想要厘清的问题。

第一，对传统大国的影响。相关研究集中于中国海外利益拓展对美国、欧盟和日本的影响。波森（Barry R. Posen）和罗斯（Andrew L. Ross）指出，中国向来是美国大战略制定中必须要考虑的因素。① 对于中国，美国国内主要存在两派观点，一派认为，鉴于中国的经济发展速度，将来会成为美国的主要竞争对手，因此是一个长期威胁②；另一派认为，中国对美国而言是一个合作伙伴，这种认识始自冷战时期中美联手对抗苏联的经历③。2001 年，"9·11"事件爆发后，马诺德（Roderick MacFarquhar）等发起了关于"中国是美国的战略竞争对手、全球贸易对象，还是反恐合作者"的讨论，对中国的国际角色持积极态度。④ 休斯（Neil C. Hughes）

---

① Barry R. Posen and Andrew L. Ross, "Competing Visions for U. S. Grand Strategy", *International Security*, Vol. 21, No. 3, 1996-1997, pp. 5-53.
② Zalnay Khalilzad, *From Containment to Global Leadership? America and the World After the Cold War*, Santa Monica, Calif. : RAND, 1995, p. 30.
③ 唐耐心:《美中关系的演进》，载沈大伟著，丁超等译:《纠缠的大国:中美关系的未来》，北京:新华出版社，2015 年版，第 30 页。
④ Roderick MacFarquhar, Jerome Cohen and Jonathan Spence et al. "Whither China: Strategic Competitor, Global Trader, or Antiterrorist Partner?", *Bulletin of the American Academy of Arts and Sciences*, Vol. 55, No. 3, 2002, pp. 69-90.

考察了中美之间的贸易关系,指出了美国对中国的误解——抢走他们的工作、人民币贬值、倾销、通过侵犯工人权利获得成本优势、不履行加入世界贸易组织时的承诺。① 弗里德伯格(Aaron L. Friedberg)思考了中国的全球伙伴关系网络扩展、能源需求增加、贸易顺差对中美关系的影响,提出了"中美冲突不可避免吗?"这一问题。② 埃茨昂尼(Amitai Etzioni)针对美国要求中国成为"一个负责任的利益攸关者"的提法展开了研究,探讨了"守成大国"与"崛起大国"之间的关系。③ 艾利森(Graham Allison)的观点认为,就目前来看,全球秩序的决定性问题是中国和美国能否避免"修昔底德陷阱"。④ 弗兰克(Thomas Franck)指出,特朗普政府习惯于制裁中国并对中国征收惩罚性关税,导致中美贸易关系持续紧张。⑤ 总而言之,面对中国的发展及中国海外利益的全球拓展,美国正在重新定位中国。

中欧关系也是国外学界的兴趣点之一。沃尔(David Wall)指出,中国的改革开放重塑了国际贸易格局,中国商品已经遍布世界,这对于改善全球消费者的生活大有帮助。中国是欧洲企业理想的投资目的地和商品出口市场,所以推行保护主义无助于遏制中国,而应尽快把中国拉到世界体

---

① Neil C. Hughes, "A Trade War with China?", *Foreign Affairs*, Vol. 84, No. 4, 2005, pp. 94-106.

② Aaron L. Friedberg, "The Future of U. S. -China Relations: Is Conflict Inevitable?", *International Security*, Vol. 30, No. 2, 2005, pp. 7-45.

③ Amitai Etzioni, "Is China a Responsible Stakeholder?", *International Affairs* (Royal Institute of International Affairs 1944-), Vol. 87, No. 3, 2011, pp. 539-553.

④ 格雷厄姆·艾利森著,陈定定、傅强译:《注定一战:中美能避免修昔底德陷阱吗?》,上海:上海人民出版社,2018年版,第8页。

⑤ Thomas Franck, "U. S. -China Trade Relations Remain Strained as Biden Team Takes Tough Stance Similar to Trump", https://www.cnbc.com/2021/03/20/us-china-trade-relations-strained-biden-team-keeps-trumps-tough-stance.html.

系中来。① 黄奕鹏（Reuben Wong）认为，西欧希望建立一个多边规则基础上的世界秩序，以充分发挥欧盟在外交、发展援助和多边机制方面的优势，并渴望升级与中国的关系。② 沃格特（Roland Vogt）的研究表明，在2008年国际金融危机爆发前，中国已成为欧洲各国商品出口的主要市场和货物进口的重要来源地；国际金融危机爆发后，欧洲意识到了自身对中国市场的依赖，试图使中国融入更加紧密的多边治理机制，将中欧关系提升到更加突出的位置。③ 齐白珂（Rebecca Fabrizi）在研究中发现，德、法、英三国左右着欧盟对中国的政策，中德贸易几乎占了中欧贸易的一半，中法贸易额也在增加，中英关系经历冰冻期后迎来春天，中欧关系愈发重要。④ 面对中国的快速发展，毕斯普（Sven Biscop）认为，实际上，中国正在从当前的世界秩序中获得更大的权力，是主要的利益相关者，因此中国可以共同塑造规则。⑤

中国海外利益的拓展对日本的影响不可忽视。王庆新（Qingxin Ken Wang）在研究日本20世纪80年代和90年代初期的经济政策时发现，中日关系的稳定对于日本而言十分重要，中日两国的相互依赖不断增加；中国是日本的主要投资对象和贸易伙伴，在日美经济降温的形势下给予了日

---

① David Wall, "China as a Trade Partner: Threat or Opportunity for the OECD?", *International Affairs* (Royal Institute of International Affairs 1944–), Vol. 72, No. 2, 1996, pp. 329–344.

② Roland Vogt, ed. *Europe and China: Strategic Partners or Rivals?* Hong Kong: Hong Kong University Press, 2012, pp. 95–112.

③ 同②, pp. 59–79。

④ Geremie R Barmé, Linda Jaivin and Jeremy Goldkorn, *Shared Destiny*, Canberra: Australian National University Press, 2015, p. 102.

⑤ Sven Biscop, "EU-China: We Have to Talk About (not Macron but) Strategy", https://www.egmontinstitute.be/eu-china-we-have-to-talk-about-not-macron-but-strategy/.

本支持。① 伴随着中国的发展,加之海洋主权归属争议和历史问题等,中日关系的竞争性因素在增加。② 在船桥洋(Yoichi Funabashi)看来,日本石油运输的80%以上要经过南海,而中国也成为一个石油进口国,中日两国是竞争性关系。③ 胡克礼(Christopher W. Hughes)认为,日本逐渐改变了其对华政策,采取"区域参与"(Regional Engagement)和"全球遏制"(Global Containment)的战略来应对中国,中日之间存在碰撞的风险。④ 野口悠纪雄指出,从20世纪90年代中期开始,中国日益确立了"世界工厂"的地位,中国经济对日本产生了比"亚洲四小龙"更大的影响,中国改变了制造业领域的国际竞争条件,"在此前一直由日本支配的制造业市场上,日本占据的份额逐渐被取代,因此日本不得不后退"⑤。

第二,对发展中国家的影响。主要表现为中国与其他金砖国家,非洲、拉丁美洲、亚洲国家的关系。"金砖国家"一词最初由奥尼尔(Jim O'Neill)提出,起先包括中国、俄罗斯、印度、巴西四国,之后南非加入。2003年,威尔森(Dominic Wilson)等对金砖国家的未来进行了预测,勾画了2050年蓝图,认为,这些国家的前景普遍看好,各国的海外

---

① Qingxin Ken Wang, "Recent Japanese Economic Diplomacy in China: Political Alignment in a Changing World Order", *Asian Survey*, Vol. 33, No. 6, 1993, pp. 625–641.

② Paul J. Smith, "China-Japan Relations and the Future Geopolitics of East Asia", *Asian Affairs*, Vol. 35, No. 4, 2009, pp. 230–256.

③ Yoichi Funabashi, "Tokyo's Depression Diplomacy", *Foreign Affairs*, Vol. 77, No. 6, 1998, pp. 26–36.

④ Christopher W. Hughes, "Japan's Response to China's Rise: Regional Engagement, Global Containment, Dangers of Collision", *International Affairs* (Royal Institute of International Affairs 1944–), Vol. 85, No. 4, 2009, pp. 837–856.

⑤ 野口悠纪雄著,郭超敏译:《失去的三十年:平成日本经济史》,北京:机械工业出版社,2022年版,第31页。

利益均会获得大规模增长。① 在某些方面，金砖国家视彼此为合作伙伴，它们在经济上具有很强的互补性，中国的需求对于其他各国的经济利益而言十分重要，中国为它们提供了广阔的市场。② 高望（Marcos Galvão）则指出，金砖国家正在基于各自的现实去寻求共识，谋求建立一种合作性的和建设性的机制。③ 尽管如此，在格罗斯尼（Michael A. Glosny）看来，中国同其他金砖国家的伙伴关系仍是有限的，它们之间差异巨大，且都与美国建立了紧密的联系。④ 卡普兰（Robert D. Kaplan）认为，中国与其他金砖国家存在竞争，在中印关系上，中国海外利益的拓展增加了印度的焦虑和恐惧，中国对能源的追求已使两国竞争从陆地扩展到海洋。⑤ 施密特（Johannes Dragsbaek Schmidt）则认为，在全球背景下，中印在气候变化、世界贸易等问题上有着相似的利益，但在吸引外资和获取能源资源等经济问题上存在分歧，当涉及亚洲地区环境时，呈现出的似乎是一种更具战略竞争性的关系。⑥

除了与传统大国和新兴大国的关系外，中国海外利益的拓展也对亚非

---

① Dominic Wilson and Roopa Purushothaman,"Dreaming with BRICs: The Path to 2050", Goldman Sachs, 2003.

② Richard Louis Edmonds, "China and Europe Since 1978: An Introduction", *The China Quarterly*, No. 169, 2002, pp. 1-9; Antoine Van Agtmael, "Think Again: The BRICS", *Foreign Policy*, Issue 196, 2012, pp. 76-79.

③ Marcos Galvão, "Brazil, Russia, India and China: Brand BRIC Brings Change", *The World Today*, Vol. 66, No. 8-9, 2010, pp. 13-15.

④ Michael A. Glosny, "China and the BRICs: A Real (but Limited) Partnership in a Unipolar World", *Polity*, Vol. 42, No. 1, 2010, pp. 1-129.

⑤ Robert D. Kaplan, "Center Stage for the Twenty-First Century: Power Plays in the Indian Ocean", *Foreign Affairs*, Vol. 88, No. 2, 2009, pp. 16-29, 31-32.

⑥ Johannes Dragsbaek Schmidt, "The Elephant and the Panda-India and China: Global Allies and Regional Competitors", paper delivered to Global India Workshop, March 5, 2011.

拉地区产生影响。对于东亚地区而言，郑在浩（Jae Ho Chung）认为，中国已成为东亚国际关系的核心变量，他指出了东亚国家面对中国的两难抉择——在中国发展中获益的同时担心中国强大。[1] 蔡国忠（Kevin G. Cai）考察了东北亚地区自贸区的建设问题。[2] 拉詹（Ramkishen Rajan）探讨了中国成为一个经济大国对东南亚各国出口、投资和自由贸易的意义，认为从长期来看，它们将从中国这个邻国获益。[3] 对于中亚地区而言，谢文斯（Kevin Sheives）研究了中国的中亚战略，认为，这一方面增加了中美俄等大国在该地区的竞争角逐，另一方面有助于该地区各国经济的发展和区域的整合。[4] 对于中东地区而言，哈斯（Richard N. Haass）认为，鉴于中国在该地区拥有重要能源利益，会阻止美国在该地区推行霸权，而伊朗等国也会寻求中国的帮助。[5] 库兰（Timur Kuran）的研究表明，中东的经济发展受益于中国的经济崛起。[6] 普洛伯格（Christian Ploberger）关注了共建"一带一路"倡议可能产生的影响，认为其地理重点包括中国政府关注的地区——中亚和东南亚，并延伸到欧洲，可以被视为中国政府现有的

---

[1] Jae Ho Chung, "East Asia Responds to the Rise of China: Patterns and Variations", *Pacific Affairs*, Vol. 82, No. 4, 2009/2010, pp. 657–675.

[2] Kevin G. Cai, "Is a Free Trade Zone Emerging in Northeast Asia in the Wake of the Asian Financial Crisis?", *Pacific Affairs*, Vol. 74, No. 1, 2001, pp. 7–24.

[3] Ramkishen Rajan, "Emergence of China as an Economic Power: What Does It Imply for South-East Asia?", *Economic and Political Weekly*, Vol. 38, No. 26, 2003, pp. 2639–2643. 相关内容亦参见 John Wong and Sarah Chan, "China-Asean Free Trade Agreement: Shaping Future Economic Relations", *Asian Survey*, Vol. 43, No. 3, 2003, pp. 507–526。

[4] Kevin Sheives, "China Turns West: Beijing's Contemporary Strategy Towards Central Asia", *Pacific Affairs*, Vol. 79, No. 2, 2006, pp. 205–224; Chien-Peng Chung, "The Shanghai Cooperation Organization: China's Changing Influence in Central Asia", *The China Quarterly*, No. 180, 2004, pp. 989–1009.

[5] Richard N. Haass, "The New Middle East", *Foreign Affairs*, Vol. 85, No. 6, 2006, pp. 2–11.

[6] Timur Kuran, *The Long Divergence: How Islamic Law Held Back the Middle East*, Princeton N. J: Princeton University Press, 2011, p. 21.

政治经济利益框架,包含区域和次区域一体化进程,而中国将在其中发挥更积极的作用。①

对于非洲地区而言,斯库曼(Maxi Schoeman)发出了这样的疑问:"中国与非洲——谁之挑战,谁之机遇?"他认为,中国的发展带来了全球政治经济结构的变动,而非洲可能是受益者之一。②沙伯力(Barry Sautman)等基于非洲人的视角审视了中非关系,得出三个结论:非洲人对中国的评价并非像西方媒体所宣扬的那样消极;并非只有非洲精英对中国评价积极;非洲人对中国的评价是复杂且多元的。③弗洛雷斯-马西亚斯(Gustavo A. Flores-Macías)和克雷普斯(Sarah E. Kreps)考察了1992—2006年中国与非洲和拉美国家的商业关系,在他们看来,这些国家与中国的商贸往来越多,越倾向于与中国采取立场一致的外交政策。④本杰隆(Wail Benjelloun)关注了中非合作中的投资能力建设和社会责任问题。⑤

对于拉美地区而言,莫拉(Frank O. Mora)指出,中国的拉美政策取向正在转向参与,自20世纪90年代初以来,中拉之间的贸易与合作以一种超出预期的方式发展,拉美成为中国发展的受益方之一。⑥詹金斯

---

① Christian Ploberger, "One Belt, One Road-China's New Grand Strategy", *Journal of Chinese Economic and Business Studies*, Vol. 15, No. 3, 2017, pp. 289-305.

② Maxi Schoeman, "China and Africa: Whose Challenge and Whose Opportunity?", *Africa Spectrum*, Vol. 43, No. 3, 2008, pp. 403-413.

③ Barry Sautman and Yan Hairong, "African Perspectives on China-Africa Links", *The China Quarterly*, No. 199, 2009, pp. 728-753.

④ Gustavo A. Flores-Macías and Sarah E. Kreps, "The Foreign Policy Consequences of Trade: China's Commercial Relations with Africa and Latin America, 1992-2006", *The Journal of Politics*, Vol. 75, No. 2, 2013, pp. 357-371.

⑤ Wail Benjelloun, "China-Africa Co-operation: Capacity Building and Social Responsibility of Investments", South African Institute of International Affairs, August 1, 2015.

⑥ Frank O. Mora, "The People's Republic of China and Latin America: From Indifference to Engagement", *Asian Affairs*, Vol. 24, No. 1, 1997, pp. 35-38.

（Rhys Jenkins）评估了中国融入全球经济体系对拉美产生的经济和政治影响，他认为，除了积极效应，在政治上，中拉接近使得美国对拉美国家的态度趋向严厉。① 在法拉（Douglas Farah）和巴比诺（Kathryn Babineau）看来，中国在拉美日益增长的影响力骤然显现，在影响力和商业交换方面仅次于美国。②

不难看出，中国海外利益的全球拓展已经产生了全球性的影响。在国外学界看来，这包括两个方面：一方面，作为一个新兴大国，中国为世界各国的发展提供了机遇，增加了它们的选择；中国的市场容量和对外直接投资有助于他国的发展；中国对国际事务的参与增强了促进稳定和增进繁荣的力量。另一方面，中国的快速发展是当今世界最显著的变化之一，给地区和全球政治体系带来结构性变动。某种程度上，这为其他国家制造了选择性难题，它们需要针对中国进行政策调整。

第三节 研究设计

一、研究思路

本书进行了一项将中国海外利益维护问题研究系统化、科学化、理论化的尝试，通过梳理、整合学界现有成果，探讨了中国海外利益维护的研究概况、核心概念、主要实践、风险挑战、国际参鉴和政策主张等基本问

---

① Rhys Jenkins, "China's Global Expansion and Latin America", *Journal of Latin American Studies*, Vol. 42, No. 4, 2010, pp. 809-837.

② Douglas Farah and Kathryn Babineau, "Extra-Regional Actors in Latin America: The United States is not the Only Game in Town", PRISM, Vol. 8, No. 1, *Security in the Western Hemisphere*, 2019, pp. 98-113.

题，搭建起了一个全要素分析框架，希冀为相关主题研究提供更为全面的基础性知识。

首先，厘定中国海外利益的概念，明晰中国海外利益的价值，突出中国海外利益维护的意义，构建本研究的逻辑起点。

其次，纵向梳理中国海外利益维护的主要实践，考察改革开放前后两个时期中国海外利益维护的情况；横向考察英、美、日等大国海外利益维护的经验与教训，以期获得对中国海外利益维护的启示。

最后，针对中国海外利益面临的风险挑战，根据中国关于国家治理、地区治理和全球治理的理念和现实，梳理了新时代中国海外利益维护的政策主张。

二、结构安排

全书除导论外，共分为五章：

第一章讨论中国海外利益的概念、内涵与重要价值。本章遵循"理论—实际""概念—价值"相互结合的思路。首先，按照"国家利益—中国国家利益—中国海外利益"的逻辑界定中国海外利益的概念。中国国家利益是中国海外利益的涵养母体，是其生成和发展的基础。中国海外利益是中国在发展过程中通过参与国际交流产生的、一种存在于国家领土范围以外的、新型的、合法的利益的集合体。其次，结合"内容—主体—重要性"三重标准，将中国海外利益分为政治、经济、安全、文化四种类型和国家、企业、公民三个层面。最后，系统论述中国海外利益对国家的生存与发展、综合国力、国际形象与国际地位的重要价值。

第二章纵向梳理中国海外利益维护的主要实践。本章以改革开放为节点，结合中国海外利益拓展的现实，梳理了不同时期中国海外利益维护的实践活动。"走出去"促进了中国海外利益的快速增长，海外利益维护这一命题正式提出。中国特色社会主义进入新时代，中国海外利益内涵不断丰富。特别是伴随着共建"一带一路"倡议的落地实施，中国海外利益的拓展迎来了新机遇，中国海外利益维护则步入了一个新阶段。

第三章综合考察中国海外利益维护面临的挑战，指出其必须要克服的内部问题、外部风险与国际竞争。本章以"问题—风险—竞争"为基本点，以"关系思考"为落脚点。首先，从中国自身来看，中国海外利益维护受到经济发展上的结构性弊端、安全维护上的力量性失衡和对外交往中的原则性限制三个条件的制约；其次，从外部环境来看，中国海外利益维护需要应对全球层面的形势变化、地区层面的形势紧张、国家层面的形势变换和社会层面的文化差异四种情形的影响；最后，从国家间互动来看，中国海外利益维护面临着与传统大国和新兴大国的竞争。

第四章横向归纳全球性大国海外利益维护的经验和教训，总结主要大国海外利益维护的启示。本章按照"中国自身—外部世界""新兴大国—传统大国"相互对照的逻辑延展。首先，考察了英国的案例。在大英帝国时期，英国的海外利益遍布全球，是当时拥有海外利益最多、规模最大的国家，英国的海外利益主要面临着殖民地反抗和其他大国竞争等，英国的海外利益维护注重内外兼顾、软硬兼施。这启示中国要持续维护海权，建设海洋强国。其次，考察了美国的案例。美国是当今世界海外利益最丰富、影响力最大的国家，美国的海外利益面临着传统和非传统安全威胁及其他大国的竞争等，美国海外利益维护的核心在于确保其全球领导权，结合了权力、制度和文化三个维度。这启示中国要全方位提升自身实力并将之转化为能力，借助国际机制和观念的力量进行海外利益维护。最后，考察了日本的案例。日本一度是世界第二经济大国，是东亚地区最发达的经济体，日本的海外利益同样面临着传统和非传统安全威胁及其他大国的竞争，日本的海外利益维护最大限度地发挥了自身经济的作用，同时依附美国。这启示中国要充分发挥本国优势，坚持独立自主，积极参与国际事务。

第五章主要梳理了新时代中国海外利益维护的政策主张。首先，中国海外利益维护表明，中国共产党所做的一切，就是为中国人民谋幸福、为中华民族谋复兴、为人类谋和平与发展。其次，中国高举和平、发展、合作、共赢旗帜，奉行独立自主的和平外交政策，坚持走和平发展道路，推动建设新型国际关系，推动构建人类命运共同体，推动共建"一带一路"高质量发展，以中国的新发展为世界提供新机遇。最后，中国海外利益维护的政策主张既有助于中国进一步发展为一个全球性的大国，又有助于展现中国作为一个负责任大国的气度风范。

第四节　创新与不足

一、创新之处

中国海外利益维护已成为党和政府、学界和商界共同关注的一项重要议题，同时成为国际社会和国外学界热议的一个话题。新时期新形势下，面对新问题新挑战，中国如何维护其海外利益备受瞩目。本书立足于中国海外利益维护的已有研究，尝试在文献整理、历史梳理、现实分析、国际借鉴和理论思考的基础上，明晰中国海外利益维护的基本问题。综合即是创造，以已有研究为铺垫，本书进行了如下努力：

第一，针对中国海外利益概念上的分歧，根据中国国家利益的发展变化，重新界定了中国海外利益的概念。

第二，基于新中国史，比较系统地梳理了中国海外利益维护的主要实践。

第三，着眼内外，比较全面地归纳了中国海外利益维护面临的风险挑战。

第四，立足新时代，考察了中国海外利益维护的政策主张。

二、不足之处

中国海外利益研究尚有待深入，各界对中国海外利益的认知还具有模糊性，在其概念、内涵、价值、意义、维护方式等一系列问题上尚存有争议。在此背景下，本书存在以下不足之处：

第一，在文献资料上，关于中国海外利益的相关研究较为充裕，但针对性、系统性的研究则相对缺乏。

第二，在海外利益的各项内容中，一些利益具有"内容"和"工具"的双重含义，要对之做出严格区分并不容易。

第三，本书关于海外利益维护基本问题的研究主要基于最近20年的研究成果及对历史和现实的经验分析，因此后续有必要继续开阔学术视野，寻求更为丰富的资料和案例支撑。

第一章

中国海外利益的概念与重要价值

任何问题的探讨都需要有清晰的指涉对象,即它是围绕什么展开的。中国海外利益的概念是对中国海外利益问题进行分析的逻辑起点,所以必须首先予以澄清。有鉴于此,本章主要回答两个问题:一是中国海外利益是什么,二是中国海外利益为什么重要。本章遵循"理论—实际""概念—价值"相互结合的思路,第一节基于对中国国家利益的认知,重新界定了中国海外利益的概念,廓清了本研究的方向和范围;第二节讨论了中国海外利益的基本内涵,指出了其所包含的具体内容;第三节评估了中国海外利益的价值,明确了其对国家的重要意义。

第一节 中国海外利益的概念论析

海外利益的出现与国家利益的发展有着密不可分的联系,对中国海外利益进行界定不可脱离中国国家利益的概念。[①] 中国海外利益作为一种

[①] 关于中国海外利益概念的四种学说已在导论部分详述。四种学说分歧主要围绕中国国家利益这一概念存在,即中国海外利益是否属于中国国家利益,与之是什么关系。

"新事物"①,同时作为一种客观存在,不是从来就有的。在对之进行界定时,参照已有概念,不失为一种明智之举。本节的概念界定遵循"国家利益—中国国家利益—中国海外利益"的逻辑。

一、国家利益的概念

一切与理论相关的分析都是从基本概念开始的。在许多现代哲学中,概念与所有的知识意识一起,被认为是工具性的(instrumental)、功能性的(functional)或创造性的(creative)。② 对于国家利益的概念,中外学界已多有论述,但至今仍无定论。③ 例如,阎学通将国家利益定义为"一切满足民族国家全体人民物质与精神需要的东西"④;唐永胜等将之界定为"一个主权国家生存和发展的内在需求"⑤;洪兵认为国家利益是"国家需求认定的各种客观对象的总和"⑥;王逸舟认为它是"民族国家追求的主要好处、权利或受益点,反映了这个国家全体国民及各种利益集团的

---

① 从历史的角度来看,中国海外利益古而有之。例如,在中国的汉代、宋代和明代,均有国家支持的对外开拓行为或大规模的商业活动。本书所指的"新事物"是相对于人们今天的认知而言的,特别是在新中国成立之后,人们才开始了关于中国海外利益问题的讨论。

② Franklin F. Wolff, "Concept, Percept, and Reality", *The Philosophical Review*, Vol. 48, No. 4, 1939, pp. 398-414.

③ 可以说,国家利益是一个被政界、学界使用了很久的概念,国内外与之相关的学术作品可谓蔚为大观。特别是国际学者对之进行的研究较早,在其概念上,他们大多选择自行界定而非采用他人的成果,这导致了国家利益的概念体系十分繁杂,如同查尔斯·比尔德(Charles A. Beard)所描绘的:"体现在国家文本中的国家利益概念这个组合装置就好比'篮子里的鸡蛋'。"参见 Charles A. Beard, *The Idea of National Interest*, New York: The Macmillan Co., 1934。马丁·罗切斯特(J. Martin Rochester)则指出,在某些方面,国家利益的概念依然存在着高度的模糊性,既无法满足政策制定者制定完美政策的需要,也无法为学者理解国际事件提供清晰的解释。参见 J. Martin Rochester, "The'National Interest' and Contemporary World Politics", *The Review of Politics*, Vol. 40, No. 1, 1978, pp. 77-96。有鉴于此,本书只取几种予以列举。

④ 阎学通:《中国国家利益分析》,天津:天津人民出版社,1996年版,第10页。

⑤ 唐永胜、刘静波、张志忠:《国家利益的分析与实现》,载《战略与管理》,1996年第6期。

⑥ 洪兵:《国家利益论》,北京:军事科学出版社,1999年版,第11页。

第一章 中国海外利益的概念与重要价值

需求与兴趣"①。国外学者纽克特莱恩（Donald E. Nuechterlein）指出，国家利益最简单的定义形式是"一个主权国家在处理与其他主权国家组成的外部环境的关系时的需求和渴望"②；萨德尔曼恩（Fred A. Sondermann）视国家利益为"一个既定社会中的一些、很多甚或所有成员持有的价值观"③；奥本海默（Felix E. Oppenheim）则认为，"在国际层面来看，它是民族国家政府所追求的福利目标"④；托纳尔森（Alan Tonelson）认为，国家利益是指"对国家的安全、繁荣及其人民的身心至关重要且有益处的一系列有限目标的集合"⑤。

上述概念界定的差异源自不同的分析视角、文化背景和理论流派。客观而言，要对它们进行融合难度是相当大的。但是，这些概念在体现差异性的同时，也存在着共性。它们共同表明了国家利益的一些基本特征。

（一）国家利益的主体

民族国家（Nation-State）进而是主权国家（Sovereign-State）是国家利益的承载者，也是国家利益的坚定维护者。1648 年，欧洲各国在经历"三十年战争"后，签订了《威斯特伐利亚和约》（*The Treaty of Westphalia*），这被看作近代国际关系史的开端，也被视为民族国家诞生的标志。在这一和约中，欧洲大陆各国的疆界得以确定，国家的独立和主权获得承认，

---

① 王逸舟：《国家利益再思考》，载《中国社会科学》，2002 年第 2 期。
② Donald E. Nuechterlein, "National Interests and Foreign Policy: A Conceptual Framework for Analysis and Decision-Making", *British Journal of International Studies*, Vol. 2, No. 3, 1976, pp. 246-266.
③ Fred A. Sondermann, "The Concept of the National Interest", in William C. Olson et al. ed. *The Theory and Practice of International Relations*, Englewood Cliffs, NJ: Prentice-Hall, 1983, p. 58.
④ Felix E. Oppenheim, "National Interest, Rationality, and Morality", *Political Theory*, Vol. 15, No. 3, 1987, pp. 369-389.
⑤ Alan Tonelson, "The Real National Interest", *Foreign Policy*, No. 61, 1985-1986, pp. 49-72.

海外利益维护基本问题研究

"主权平等、领土完整等原则被确立为国际关系中应遵守的准则"[①]。自此，民族国家进而是主权国家成为国际社会中的主要行为体，享有国际法所规定的"权利能力"和"行为能力"，既享有对内最高的管辖权，也享有对外最高的交往权，有权利去追求和扩大自身的正当权益。

(二) 国家利益的整体性

国家是人民的集合，正因如此，人民的利益要依靠国家来表达。[②] 在国际政治中，国家利益是指一个民族国家（主权国家）的整体利益。[③] 也就是说，国家利益包括一个民族国家（主权国家）内全体国民和各个集团的利益。鉴于民族国家（主权国家）构成的复杂性，其国民以及各个集团的利益不一定是和谐一致的，或者说他们的利益多是存在矛盾冲突的，但是相对于他者——其他民族国家和外部世界的人们，一国内的国民和各集团作为一个整体，具有基本相同的利益诉求，诸如国家的主权、安全和领土完整等。因为这些利益既是一个民族国家（主权国家）存在的基础，也是其进一步追求其他利益的前提，是最重要且最传统的国家利益，是民族国家（主权国家）得以生成的基础变量。[④]

---

① 王绳祖:《国际关系史(第一卷)1648—1814》，北京:世界知识出版社，1995年版，第62页；The Schiller Institute, "The Treaty of Westphalia, 1648", The Schiller Institute, 2003 May, http://www.schillerinstitute.org/strategic/treaty_of_westphalia.html.
② Anthony Lake, "Defining the National Interest", *Proceedings of the Academy of Political Science*, Vol. 34, No. 2, 1981, p. 209.
③ 阎学通:《中国国家利益分析》，天津:天津人民出版社，1996年版，第6页。
④ Donald E. Nuechterlein, *United States National Interests in a Changing World*, Kentucky: The University Press of Kentucky, 1973, pp. 1-29.

(三) 国家利益包含物质和精神双重维度

国家利益通常被理解为是规范性的 (normative)[1]，其本身就是一个物质利益和精神利益的结合体。任何一个国家若想立足于世，不可避免地要满足自身基本的物质诉求和精神诉求。作为一个"物质实体"，国家是由领土、人口和政府组成的基本政治单位，它需要保障自身的安全，实现经济的增长、社会的稳定，提升人民的生活水平；作为一个"社会实体"，国家需要获得国际社会的承认，与他国发展外交关系，加入主要国际组织，赢得国际地位、声望和荣誉。[2] 有些情况下，对后者的需求甚于前者。

(四) 国家利益具有层次性

国家利益包罗万象，这主要体现在其内容的宽泛性上，涉及政治、安全、经济、文化的方方面面。只要是国家需求所认定的一切东西，都被包含在国家利益的范围之内。然而，这并不代表国家利益是杂乱无章的。从历史的维度来看，民族国家的产生自然而然地决定了某些利益在结构上的优先性，国家主权、国家安全、领土完整等是最基础且最重要的国家利益。[3] 而在现实中，在特定时期，对于某些重大利益，国家总会予以特别关注。依据紧迫感和重要性对国家利益进行排序，有助于"始终把握住

---

[1] Luke Glanville, "How are We to Think About the 'National Interest'?", *Australian Quarterly*, Vol. 77, No. 4, 2005, pp. 33-37.

[2] 芬维克 (C. G. Fenwick) 认为，"国家利益"是一个相对较新的概念，从较为古老的"王朝利益" (Dynastic Interest) 和"民族荣誉" (National Honor) 的概念发展而来。参见 C. G. Fenwick, "Reviewed Work(s): The Idea of National Interest. By Charles A. Beard", *American Journal of International Law*, Vol. 28, Issue 3, 1934, pp. 239-261。

[3] 郎帅:《中国海外利益维护中的国家角色探析》，载《沈阳师范大学学报(社会科学版)》，2018 年第 6 期。

国家追求的主要目标，稳妥巧妙地处理好全局利益与局部利益的关系"①，有助于"合理分配自身的战略资源，获取自身的战略所需"②。

（五）国家利益是不断变化的

国家利益既具有客观性，也具有变化性。③ 这主要有两个方面的含义：一是国家利益会因现实条件的变化而产生变化。内部的局势变动、外部的形势发展，都可能对一个国家的利益追求产生影响。当然，这种影响既有积极的，也有消极的。例如，国际战争特别是世界大战的爆发使很多国家由安全状态转为了不安全状态；全球化时代的到来极大地丰富了各国国家利益的内容和形式。二是国家利益会因国家能力的变化而产生变化。一个国家改革自身能力和适应国际环境能力的提升，会增加其获得国家利益的手段；一个国家故步自封、不思进取、违背时代潮流，则会使其国家利益难以维持，从而缩水贬值，甚至陷入危机。

总而言之，国家利益是一个民族国家整体所追求的物质和精神的总和，兼具层次性和变化性。根据不同标准可以将之划分为不同类别。如按内容领域分，有政治、经济、军事和文化等利益；按时间分，有长期、中期和近期利益；按重要性分，有重大、重要、次要和边缘利益等。

二、中国国家利益的概念

中国国家利益是中国这个"工人阶级领导的、以工农联盟为基础的人

---

① 洪兵:《国家利益论》,北京:军事科学出版社,1999年版,第40页。
② 郎帅:《国家核心利益视角下的中国海岛问题分析》,载《长春大学学报》,2016年第11期。
③ 俞正樑:《变动中的国家利益与国家利益观》,载《复旦学报（社会科学版）》,1994第1期。

民民主专政的社会主义国家"①所追求的物质和精神需求的总和,在内容上包括国家的政治、经济、安全和文化等需求。自成立以来,新中国对自身国家利益的认知经历了一个漫长的过程,在所用术语、指涉内容、层次排序等方面,都不断地发展完善。

(一) 以毛泽东同志为主要代表的中国共产党人重点关注国家生存利益

第一,在术语运用上,较多使用"人民的利益"而非"国家利益"。毛泽东有着深厚的"人民情怀",美国记者斯诺(Edgar Snow)称之为"一种天命的力量"和"实实在在的根本活力",是这个人身上"异乎寻常的地方"的起源。②它构成了毛泽东思考国家利益问题的一个重要基础,甚至在这里,毛泽东将人民利益与国家利益合二为一。1949年,解放战争的硝烟尚未消散,毛泽东在为中国人民政治协商会议起草的宣言中开宗名义,宣称,中国人民政治协商会议代表了全国人民的意志,即将成立的中华人民共和国中央人民政府会坚定地保卫人民的利益。这与毛泽东一直以来阐释的中国外交方针和对外政策一脉相承,他表示,"中国必须独立,中国必须解放,中国的事情必须由中国人民自己作主张,自己来处理"③,中华人民共和国中央人民政府是中国的唯一合法政府,中国坚决维护自身主权的独立和人民当家做主的权利。

第二,在判断依据上,意识形态和阶级斗争因素产生了重要影响。华

---

① 《中华人民共和国宪法》,载《人民日报》,2018年3月22日,第1版。
② 刘云波:《毛泽东的人民情怀》,载《光明日报》,2016年12月7日,第13版。
③ 毛泽东:《毛泽东选集》(第四卷),北京:人民出版社,1991年版,第1465页。

尔兹（Kenneth Waltz）认为，国际政治的过程是由国际政治的结构塑造的。[1] 包括中国在内的很多国家，虽然与两极格局的形成并无直接关系，但美苏冷战却成了它们界定利益、开展国家内政外交活动的大背景。在时代主题的论断上，毛泽东指出，"战争与革命始终处于矛盾的主要方面，而和平与发展则相对处于矛盾的次要方面"[2]，资本主义作为社会主义的对立面，二者之间的矛盾根深蒂固、不可调和，除非资本主义制度发生根本改变，否则"只要这个社会制度不改变，战争就不可避免，不是相互之间的战争，就是人民起来革命"[3]。毛泽东极其重视意识形态在外交中的作用。[4] 中苏关系早期的友好、后期的恶化，社会主义阵营的团结、分化，中美关系的敌对，都反映了意识形态与国家利益之间的联系。与意识形态领域密切相关的是阶级斗争。有学者认为，1958年是一个重要的时间节点。根据毛泽东的观点，中国在国际上作为"社会主义大家庭"中的一员，需要联合所有爱好和平自由的国家、民族和人民反抗帝国主义，使"东风"压倒"西风"；在国内要长期开展阶级斗争，巩固无产阶级专政，遏制被推翻的反动统治阶级的复辟企图。"无产阶级的利益"逐渐凸显出来。

第三，在层次排序上，国家的政治利益和安全利益成为主要考量。自

---

[1] 肯尼思·华尔兹著，信强译，苏长和校：《国际政治理论》，上海：上海人民出版社，2008年版，第122页。

[2] 张俊国：《毛泽东国家利益观的主要影响因素探析》，载《湖南科技大学学报（社会科学版）》，2008年第4期。

[3] 中共中央文献研究室编：《建国以来毛泽东文稿》（第十三册），北京：中央文献出版社，1998年版，第380页。

[4] 李才义：《论毛泽东外交思想中的意识形态与国家利益》，载《党史研究与教学》，2003年第6期。

新中国成立直至冷战结束，中国长期面临着外部力量的威胁。新中国成立初期，对于新生政权而言，维护政治安全是核心目标。① 有学者指出，毛泽东在审视美国时一直把美国对中国共产党和中华人民共和国生存与安全的影响作为核心关注。② 面对复杂的国内国际形势，巩固新生的人民政权，确保国家的主权、安全与领土完整极具紧迫性和现实性。毛泽东指出："捣乱，失败，再捣乱，再失败，直至灭亡——这就是帝国主义和世界上一切反动派对待人民事业的逻辑，他们决不会违背这个逻辑的。"③ 在第一届中国人民政治协商会议通过的《共同纲领》中，中国武装力量的任务被阐释为："保卫中国的独立和领土主权的完整，保卫中国人民的革命成果和一切合法权益。"④ 1949年10月1日，毛泽东在开国大典上郑重宣布"中华人民共和国中央人民政府今天成立了"的同时，明确了中国政府同外国政府建立外交关系的基本条件，即"本政府为代表中华人民共和国全国人民的唯一合法政府。凡愿遵守平等、互利及互相尊重领土主权等项原则的任何外国政府，本政府均愿与之建立外交关系"⑤，表明了对国家主权和领土完整的重视。1953年，周恩来首次提出了和平共处五项原则，并在之后的对外交往中将之推广为普遍的国际关系准则。和平共处五项原则集中反映了中国的安全、主权、领土完整等利益。

---

① 凌胜利、杨帆：《新中国70年国家安全观的演变：认知、内涵与应对》，载《国际安全研究》，2019年第6期。
② He Di, "The Most Respected Enemy: Mao Zedong's Perception of the United States", *The China Quarterly*, No.137, 1994, pp.144-158.
③ 毛泽东：《毛泽东选集》(第四卷)，北京：人民出版社，1991年版，第1486页。
④ 《中国人民政治协商会议共同纲领》，载《江西政报》，1949年第3期。
⑤ 孟昭庚：《开国大典那一天的毛泽东》，载《中华魂》，2019年第12期。

(二) 以邓小平同志为主要代表的中国共产党人开始转向国家发展利益

第一，在术语运用上，民族利益与国家利益二者交替使用。之所以会出现名称上的差异，主要是由历史原因造成的。新中国成立之初，多方面受苏联影响较大，而苏联官方和学界多使用民族利益的说法来指代国家利益，因此中国也接受了这一称谓。① 中国实行改革开放后，在与外部世界的互动过程中，民族利益与国家利益两词一般是通用的。1989年10月26日，国家利益一词出现在邓小平与时任泰国总理差猜·春哈旺（Chatichai Choonhavan）的谈话中，邓小平表示："中国要维护自己国家的利益、主权和领土完整"，"中国同样认为，社会主义国家不能侵犯别国的利益、主权和领土。"② 同年10月31日，邓小平在会见美国前总统尼克松（Richard Nixon）时强调了互不干涉内政原则的重要性，并坦言，"我们都是以自己的国家利益为最高准则来谈问题和处理问题的"③。

第二，在判断依据上，意识形态的影响逐渐淡化，中国的客观实际成为决定性变量。国家利益的认定是一个极为复杂的过程，为各种主观因素和客观因素所影响。在新中国成立后的很长一段时间内，意识形态成为左右国家目标与对外政策的常量。最典型表现就是对其他社会主义国家和民族解放运动的无私援助。邓小平认为，中国希望为国际社会作贡献，但是要从中国的客观实际出发。所以，他实事求是地调整了中国的对外援助政策，把党和国家的有限资源和精力集中投入到了中国自身的建设和发展

---

① 阎学通：《中国国家利益分析》，天津：天津人民出版社，1996年版，第9页。
② 邓小平：《邓小平文选》（第三卷），北京：人民出版社，1993年版，第328—329页。
③ 同②，第330页。

中。① 沈大伟（David Shambaugh）曾对邓小平所面对的现实和肩负的使命做过如下描述："他在开展对外交往时，决不放弃原则和国家利益，始终以国家的当务之急和'战略利益'为准绳；在他的一生中，虽然追求过的目标众多，却从未有一个如把中国建设成一个富强的民族国家这个目标一样中心和持久。"② 傅高义（Ezra F. Vogel）也指出，邓小平深深意识到了中国落后的现实，立志要改变中国的面貌，"为国家找到一条富强之路"③。邓小平正确把握了当今时代的脉搏，即便冷战尚未结束，但和平与发展已成为主流。在此背景下，邓小平认为，"社会主义建设的首要任务是发展生产力、逐步提高人民的物质和文化生活水平"④。

第三，在层次排序上，经济利益在国家利益结构中的地位大幅提升。1978年12月，党的十一届三中全会作出经济建设成为党和国家工作的中心、实行改革开放的重大战略决策。在邓小平看来，"现代化是当前中国最大的国家利益"⑤。中国已落后世界太多年，要把发展的步子迈得再大一些、快一些。在国内外场合，邓小平多次强调，只有发展才是硬道理，因此要"抓住时机，发展自己，关键是发展经济"⑥。邓小平既把经济建设当作目标，也当作手段，视之为改变中国落后现实和国际地位的良方。

---

① 郎帅：《新中国成立70年来中国共产党的国家利益观演进》，载《中国石油大学学报（社会科学版）》，2019年第4期。
② David Shambaugh, "Editorial Introduction: Assessing Deng Xiaoping's Legacy", *The China Quarterly*, Special Issue: Deng Xiaoping: An Assessment, No. 135, 1993, pp. 409-411.
③ 傅高义著，冯克利译：《邓小平时代》，北京：生活·读书·新知三联书店，2013年版，第30页。
④ 邓小平：《邓小平文选》（第三卷），北京：人民出版社，1993年版，第116页。
⑤ 吴建功、恭长华：《邓小平国家利益观与中国国际战略》，载《南京政治学院学报》，1998年第5期。
⑥ 同④，第375页。

按照邓小平所规划的经济发展蓝图，中国将分阶段依次实现三个目标：1981—1990年作为第一个十年，该阶段，中国的国民生产总值要翻一番，解决人民温饱问题；1991—2000年作为第二个十年，该阶段，国民生产总值要再翻一番，人民奔小康；到21世纪中叶，中国人均国民生产总值要达到中等发达国家水平。诺顿（Barry Naughton）曾这样评价邓小平所取得的成就："在邓小平的领导下，中国政府致力于经济建设，实施了连续的经济改革方案，改变了中国的经济体制，并因此带领中国进入了'爆炸性的增长期'；与此同时，中国摆脱了孤立隔绝的境地，融入了现代世界经济之中。"[1]

（三）以江泽民同志为主要代表的中国共产党人和以胡锦涛同志为主要代表的中国共产党人极为重视发展利益

第一，在术语运用上，国家利益一词的应用范围更为广泛。例如，1993年3月，江泽民在第八届全国人大一次会议解放军代表团全体会议上的讲话中指出："每个人的利益都是同祖国的利益紧密联系在一起的。"[2] 1996年10月，在谈到中国共产党第十四届中央委员会第六次全体会议的成果时，江泽民对新形势下的精神文明建设问题发表了意见，并"倡导个人利益服从国家利益、局部利益服从整体利益、眼前利益服从长远利益"[3]。1999年2月，江泽民在全国对外宣传工作会议上向外宣战线工作者表达了问候，称赞他们"维护国家利益，改善外部舆论环境，做

---

[1] Barry Naughton, "Deng Xiaoping: The Economist", *The China Quarterly*, Special Issue: Deng Xiaoping: An Assessment, No. 135, 1993, pp. 491–514.
[2] 《江泽民在解放军代表团发表重要讲话》，载《人民日报》，1993年3月23日，第1版。
[3] 江泽民：《努力开创社会主义精神文明建设的新局面》，载《党的文献》，1998年第1期。

第一章　中国海外利益的概念与重要价值

了大量工作，取得了良好效果"①。2001年12月，江泽民在全国宗教工作会议上指出："绝不允许利用宗教损害国家和社会的利益。"② 2004年8月，胡锦涛在第十次驻外使节会议上作出重要指示，要求外交要能"维护和拓展我国国家利益"③。2007年3月，胡锦涛与俄罗斯总统普京发表的联合声明中提出："继续全面加强中俄合作符合两国最高国家利益，有利于维护亚太地区及世界的和平与稳定。"④ 2012年11月，党的十八大报告指出，外交工作取得了新成就，做到"坚定维护国家利益和我国公民、法人在海外合法权益"⑤。

第二，在判断依据上，国内外形势变化成为主要参考变量。美苏冷战结束后，全球化逐渐成为国际关系发展的推动性因素之一，在各个领域拓宽、加深并加速了不同地区、国家之间的联系。特别是20世纪90年代以来，伴随着经济全球化的深入发展，国家间相互依赖的特征表现得更加明显。各国通过双边和多边机制在经济上联为一体，世界贸易组织则把削减关税、消除贸易壁垒作为加入该组织的基本条件。在经济全球化和区域经济一体化的推动下，江泽民认识到，"国家利益不再是一国孤立的需要和单方面的追求"⑥。他进一步指出，经济全球化已"造成一种包括发达国

---

① 《江泽民在全国对外宣传工作会议上强调 站在更高起点上把外宣工作做得更好》，载《人民日报》，1999年2月27日，第1版。
② 《全国宗教工作会议在北京召开》，载《中国统一战线》，2002年第1期。
③ 《第十次驻外使节会议在京举行》，载《人民日报》，2004年8月30日，第1版。
④ 《中俄联合声明》，载《人民日报》，2007年3月27日，第3版。
⑤ 胡锦涛：《坚定不移沿着中国特色社会主义道路前进 为全面建成小康社会而奋斗——在中国共产党第十八次全国代表大会上的报告》，载《人民日报》，2012年11月18日，第1版。
⑥ 潘正祥、杨迎会：《论江泽民的国家利益观》，载《湖北社会科学》，2007年第4期。

家和发展中国家在内的各国经济你中有我、我中有你的相互交织的复杂局面"①，"当今世界是一个开放的世界，谁也不可能孤立于世界之外去发展自己的经济"②。胡锦涛在联合国成立60周年首脑会议上表示，"经济全球化趋势的深入发展，使各国利益相互交织、各国发展与全球发展日益密不可分"③。胡锦涛还指出："当代中国同世界的关系发生了历史性变化，中国的前途命运日益紧密地同世界的前途命运联系在一起。"④

第三，在层次排序上，国家的发展利益成为重中之重。冷战结束及世界各国聚焦经济发展议题，为国家发展提供了较好的国际环境。在国家主权和安全利益不断巩固的情况下，经济发展、社会发展和人的发展持续受到关注。金德曼（Gottfried-Karl Kindemann）认为，江泽民在"中国实行现代化和改革开放政策进程中发挥了重要作用"，"表现出对邓小平的领导路线的尊崇"。⑤江泽民将国家利益视为一个整体，是一个由政治利益、安全利益、经济利益、文化利益等构成的综合体系。其中，经济发展被置于优先的位置。在江泽民看来，对于世界上的每一个国家而言，经济发展都是"头等大事"。他指出，发展是党执政兴国的第一要务；经济越来越成为"当今国际关系中最首要的关键要素"⑥。胡锦涛也特别重视发展层面的国家利益，包括人与人、社会与社会、国家与国家之间利益关系的和

---

① 江泽民：《江泽民文选》（第二卷），北京：人民出版社，2006年版，第198页。
② 同①，第201页。
③ 胡锦涛：《努力建设持久和平、共同繁荣的和谐世界——在联合国成立60周年首脑会议上的讲话》，载《人民日报》，2005年9月16日，第1版。
④ 胡锦涛：《胡锦涛文选》（第三卷），北京：人民出版社，2016年版，第235页。
⑤ 戈特弗里特-卡尔·金德曼著，张莹等译：《中国与东亚崛起：1840~2000》，北京：社会科学文献出版社，2010年版，第586页。
⑥ 江泽民：《江泽民文选》（第一卷），北京：人民出版社，2006年版，第414页。

谐，强调国家内部各个主体、各个区域、各个领域综合、协调、可持续发展，外部各个国家、各个民族、各个地区和谐发展。胡锦涛多次强调，"要始终以经济建设为中心，坚持聚精会神搞建设，一心一意谋发展"①。

（四）以习近平同志为主要代表的中国共产党人对国家利益的认知进入新阶段

第一，在术语运用上，国家核心利益一词出现的频率日益增多。习近平总书记多次在国内外重大场合就国家核心利益表明态度。例如，2014年3月，习近平总书记在出席第十二届全国人大二次会议解放军代表团全体会议时强调，"我们希望和平，但任何时候任何情况下，都决不放弃维护国家正当权益、决不牺牲国家核心利益"②。同年11月，在中央外事工作会议上，习近平总书记再次表明了这一点。2016年7月，习近平总书记在庆祝中国共产党成立95周年大会上指出："任何外国不要指望我们会拿自己的核心利益做交易，不要指望我们会吞下损害我国主权、安全、发展利益的苦果。"③ 2017年9月，习近平主席在同来访的新加坡总理李显龙进行会晤时强调，中新两国要"在涉及彼此核心利益和重大关切问题上相互支持"④。2017年10月，党的十九大报告指出："必须坚持国家利益至上……坚决维护国家主权、安全、发展利益。"⑤ 2022

---

① 《中国共产党第十七次全国代表大会文件汇编》，北京：人民出版社，2007年版，第14—15页。
② 《以改革创新精神开拓国防和军队建设新局面 为实现党在新形势下的强军目标而努力奋斗》，载《人民日报》，2014年3月12日，第1版。
③ 习近平：《在庆祝中国共产党成立95周年大会上的讲话》，载《党的文献》，2016年第4期。
④ 《习近平会见新加坡总理李显龙》，载《人民日报》，2017年第9月21日，第1版。
⑤ 习近平：《决胜全面建成小康社会 夺取新时代中国特色社会主义伟大胜利——在中国共产党第十九次全国代表大会上的报告》，载《人民日报》，2017年10月28日，第1版。

年10月，党的二十大报告指出："面对国际局势急剧变化，特别是面对外部讹诈、遏制、封锁、极限施压，我们坚持国家利益为重、国内政治优先，保持战略定力，发扬斗争精神，展示不畏强权的坚定意志，在斗争中维护国家尊严和核心利益，牢牢掌握了我国发展和安全主动权。"[①] 2023年6月，习近平总书记在文化传承发展座谈会上重要讲话中指出："中华文明具有突出的统一性。……决定了国家统一永远是中国核心利益的核心，决定了一个坚强统一的国家是各族人民的命运所系。"[②]

第二，在判断依据上，国际地位和国际形势的变化成为核心考量。从国际地位来看，中国已经进一步发展为一个新兴世界大国。在富强、民主、文明、和谐、美丽中国建设上，不断取得新进展。"现在，我们比历史上任何时期都更接近中华民族伟大复兴的目标，比历史上任何时期都更有信心、有能力实现这个目标。"[③] 在党的十九大报告中，习近平总书记作出了"中华民族迎来了从站起来、富起来到强起来的伟大飞跃"的论断，表明了中国不断发展强大、中华民族走向伟大复兴的现实。早在2014年召开的中央外事工作会议上，习近平总书记就提出，"中国必须有自己特色的大国外交"，"使我国对外工作有鲜明的中国特色、中国风格、中国气派"[④]。在国际事务中，中国已经成为一个名副其实的大国并在据此逻辑行事。从国际形势来看，在已有问题有待解决的基础上，一系

---

① 习近平：《高举中国特色社会主义伟大旗帜 为全面建设社会主义现代化国家而团结奋斗——在中国共产党第二十次全国代表大会上的报告》，载《人民日报》，2022年10月26日，第1版。
② 习近平：《在文化传承发展座谈会上的讲话》，载《求是》，2023年第17期。
③ 习近平：《习近平谈治国理政》（第一卷），北京：外文出版社，2018年版，第35—36页。
④ 《中央外事工作会议在京举行》，载《人民日报》，2014年11月30日，第1版。

列新问题、新矛盾、新挑战不断涌现。与传统安全威胁相伴的是日益凸显的非传统安全问题。国际金融危机造成的国际经济长期低迷、全球气候变暖引发的环境问题、国际恐怖主义肆虐带来的人员伤亡，以及全球化发展过程中的"逆全球化"现象，既损害了中国的海外利益，也对世界经济繁荣和政治稳定产生了不利影响。全球性问题需要全球性的解决方案，更需要坚强的领导。一个开放、繁荣、稳定、和平的世界符合所有国家的利益。

第三，在层次排序上，安全利益与发展利益的关系变得更加紧密。首先，国家的安全利益与发展利益是一个整体，二者同属于国家核心利益的范畴，缺一不可。主权、安全、发展利益既不能被损害，也不能被交易。对中国而言，既要维护好国家的主权和安全利益，也要维护好国家的发展利益。统筹发展和安全被纳入"十四五"规划指导思想，并列专章作出战略部署。[1] 概言之，中国特色社会主义进入新时代，在新的历史要求下，安全利益与发展利益的平衡更加重要。在国家利益结构中，二者均居于显著位置，都是党和国家追求的核心目标。其次，保障国家的主权、安全利益是实现发展利益的条件。有学者在探讨国家利益观时指出，"国家主权安全是核心利益中的核心，是不可逾越的红线"[2]。主权和安全是一个国家存在的根本，是实现其他国家利益的前提。如果一个国家主权的独立和完整、国家安全受到威胁，那么发展也就无从谈起。再次，安全是将安全利益与发展利益融为一体的安全，体现了一种"大安全观"[3]。总体

---

[1] 习近平:《习近平谈治国理政》(第四卷)，北京：外文出版社，2022年版，第389页。
[2] 潘超伟:《习近平外交思想中的国家利益观》，载《黑龙江省社会主义学院学报》，2017年第1期。
[3] 郎帅:《新中国成立70年来中国共产党的国家利益观演进》，载《中国石油大学学报(社会科学版)》，2019年第4期。

国家安全观集政治、国土、军事、经济、文化、社会、科技、信息、生态、资源、核安全等各类安全议题和发展议题为一体，既重视自身安全，又重视共同安全。① 习近平主席在 2014 年亚信第四次峰会上对安全与发展二者关系作出阐述："发展是安全的基础，安全是发展的条件。……发展就是最大安全，也是解决地区安全问题的'总钥匙'。"② 2023 年 4 月，习近平主席出席中法企业家委员会第五次会议闭幕式并致辞，表示："我提出构建人类命运共同体倡议、共建'一带一路'倡议、全球发展倡议、全球安全倡议、全球文明倡议，就是希望让团结代替分裂、合作代替对抗、包容代替排他，共同建设持久和平、普遍安全、共同繁荣、开放包容、清洁美丽的世界。"③ 中国既谋求自身的安全，也谋求共同的安全；既致力于自身的发展，也致力于地区和世界各国的共同发展，努力构建人类命运共同体。

纵观这一发展历程，可以看出，中国国家利益是一种有着基本内涵、兼具层次性和变化性的客观存在。中国国家利益主体明确，代表了中国人民和中华民族的整体利益；兼顾内外两个方向，既关注中国自身的安全与发展，也关注世界的和平与繁荣；结合物质和精神两个维度，既重视经济、安全等物质层面的利益，也重视国际尊重与认可等精神层面的利益；在不同历史时期表现出不同的重点，并能依据国内外形势发展进行调整。

---

① 《坚持总体国家安全观 走中国特色国家安全道路》，载《人民日报》，2014 年 4 月 16 日，第 1 版。
② 《积极树立亚洲安全观 共创安全合作新局面》，载《人民日报》，2014 年 5 月 22 日，第 2 版。
③ 刘华、谢环驰：《习近平出席中法企业家委员会第五次会议闭幕式并致辞》，载《人民日报》，2023 年 4 月 7 日，第 1 版。

三、中国海外利益的概念

新生之物,辨识不易。中国海外利益的出现向人们的知识储备、理解能力及认知水平提出了挑战。然而,任何事物的产生都不是无源之水、无本之木。中国海外利益不是凭空而来的,有其涵养母体和内在驱动。中国国家利益是中国海外利益生成和发展的基础,是其概念界定的核心参考。

首先,中国海外利益的最初形式是海外国家利益。中华人民共和国是全国各族人民共同缔造的统一的多民族国家。[1] 中国国家利益是全国各族人民整体利益诉求的真实表达,国家据此开展对外交往活动,发展对外关系。研究之初,刀书林将中国海外利益界定为中国"境外的国家利益"[2],这不无道理,因为中国的对外开放是自上而下进行的。1978年,中国实行改革开放,参与国际交流的主体日渐多元化。是以,陈伟恕认为,中国海外利益除了国家层面的利益外,还有法人和个人层面的利益。[3] 即便如此,他也是在承认中国海外国家利益的前提下作出这番表述的。苏长和也意识到了中国海外利益的多主体特征,因此他将诸如企业、社会组织和公民这些日益增加的全球行为者的利益划入中国国家利益的范畴。[4]

其次,影响中国海外利益与国家利益的因素是一致的。改革开放前,在界定中国国家利益时,意识形态因素占据主要地位;在此之后,中国对自身利益的认知主要根据国家和人民的需要,并受到国内外形势变化的影

---

[1] 中共国家民委党组:《各民族共同缔造新中国》,载《人民日报》,2019年9月26日,第13版。
[2] 杨磊、张运成:《中国该如何保护自己的海外利益》,载《中国经营报》,2004年6月21日。
[3] 陈伟恕:《中国海外利益研究的总体视野——一种以实践为主的研究纲要》,载《国际观察》,2009年第2期。
[4] 苏长和:《论中国海外利益》,载《世界经济与政治》,2009年第8期。

响。外交政策的"巧实施"不仅取决于对国内相关要素的掌握，还要求对国际社会中的作用因素有所理解。①国情世情成为界定中国国家利益和海外利益的内生变量和外生变量。② 1981 年 6 月 27 日，党的十一届六中全会通过了《关于建国以来党的若干历史问题的决议》，首次提出"我们的社会主义制度还是处于初级的阶段"③，并指出，该时期"我们所要解决的主要矛盾，是人民日益增长的物质文化需要同落后的社会生产之间的矛盾"④。中国海外利益正是为满足人民日益增长的物质文化需要而产生并逐渐壮大起来的。中国打开国门、走向世界，目的就是发展生产力，提高人民的物质生活和精神生活水平。国际形势的变化增进了中国的海外利益诉求。经济全球化和国家间相互依赖的加强为中国海外利益拓展提供了便利。

最后，中国海外利益与国家利益的分类依据是一致的。国家利益既是一个整体性概念，也是一个组合性概念，其所包含的内容复杂多样。中国海外利益也具有类似的特征。为了方便认知，人们总会依据一些标准对它们进行分类。在国家利益的类别归属上，利益的内容、持续时间、重要性、主体等都成为划分的依据，它们既可以被单独使用，也可以复合运用。⑤例如，阎学通将中国的国家利益按内容分为了国际经济利益、安全利益、政治利益和文化利益；⑥门洪华则结合了中国国家利益的内容和重

---

① Michael Yahuda,"Deng Xiaoping:The Statesman", *The China Quarterly*, Special Issue: Deng Xiaoping: An Assessment, No. 135, 1993, pp. 551–572.
② 王逸舟：《国家利益再思考》，载《中国社会科学》，2002 年第 2 期。
③ 《关于建国以来党的若干历史问题的决议》，北京：中共党史出版社，2010 年版，第 112 页。
④ 同③，第 113 页。
⑤ 李涛：《中国海外利益》，北京：国际文化出版公司，2014 年版，第 12—13 页。
⑥ 阎学通：《中国国家利益分析》，天津：天津人民出版社，1996 年版，第 119—249 页。

要性，将之分为经济利益、安全利益、政治利益、社会利益和国际利益，其中，前三者是国家战略利益的基本核心。① 在区分中国海外利益时，学者们采用了同国家利益相一致的分类方法。其中，内容分类法的应用最为普遍，即中国海外利益包括海外政治、经济、文化和安全利益等内容。② 张曙光按重要性把国家的海外利益划分为核心、重要和边缘三个等级。③ 于军等将中国海外利益分为了海外基础利益和海外战略利益。④

关于中国海外利益与国家利益共同之处的上述观点表明：二者之间有着内在的不可分割的联系，后者构成了认识前者的重要前提。而且可以确定的是，中国海外利益的很大一部分内容属于国家利益的范畴。当然，不能因此就在海外利益和海外国家利益二者之间画等号。诸如海外中国企业、社会组织和公民的利益能否归入国家利益的范畴，尚需澄清。某种程度上，这又回到了海外利益研究的起点。国家利益是个人利益的集合，但不等于个人的所有利益都是国家利益的一部分。⑤ 将企业、社会组织和公民的海外利益囊括进海外国家利益中也是有风险的。正如王存刚所指出的，这种界定可能会过于宽泛，造成不同利益之间的混淆。⑥

认知中国海外利益，学界需要具备更为广阔的视野。中国海外利益体

---

① 门洪华：《中国国家战略利益的拓展》，载《战略与管理》，2003年第2期。
② 傅梦孜、刀书林、冯仲平、张运成：《中国的海外利益》，载《时事报告》，2004年第6期；杨磊、张运成：《中国该如何保护自己的海外利益》，载《中国经营报》，2004年6月21日；唐贤兴：《海外利益的保护与中国对外政策的变化》，载《江苏行政学院学报》，2009年第6期；唐昊：《关于中国海外利益保护的战略思考》，载《现代国际关系》，2011年第6期；强晓云：《"丝绸之路经济带"建设与中国海外利益维护》，载《上海商学院学报》，2016年第3期。
③ 张曙光：《国家海外利益风险的外交管理》，载《世界经济与政治》，2009年第8期。
④ 于军、程春华：《中国的海外利益》，北京：人民出版社，2015年版，第73—103页。
⑤ 阎学通：《中国国家利益分析》，天津：天津人民出版社，1996年版，第21页。
⑥ 王存刚：《外部战略环境的新特点与中国海外国家利益的维护》，载《国际观察》，2015年第6期。

现了中国国家利益概念的发展变化。① 在苏长和看来,"作为国家利益的新形态,海外利益已经很难用核心利益、重要利益和一般利益等形式来概括"②。它已经超出了人们的传统认识,对其判断要敢于突破思维惯性。王发龙认为,当前,学者们对于海外利益的概念界定过于狭隘,囿于国家自身维度,忽视了国际体系的维度,没有突出国际共同利益和全球共同利益。③ 李志永认为,学界关于中国海外利益的概念界定强调了不同的侧面,或是突出其海外属性,或是突出其社会属性,或是突出其安全属性,或是突出其非国家属性,并未纵览全貌。④

对于中国海外利益的概念界定要注重新与旧相结合、国内与国际相结合、多重属性相结合。具体来看就是:第一,中国海外利益不仅是一种新型的利益形式,而且无法脱离国家而单独存在。即使海外国家利益不是中国海外利益的全部,也是其最主要和最重要的组成部分;即使国家不是中国海外利益的唯一主体,也是其最主要且最重要的主体,而且这种主体性既体现在海外利益的拓展上,也体现在海外利益的维护上,国家具有利益承载者和维护者的双重身份。第二,中国海外利益既是本国的利益,又内嵌于对象国和地区的利益之中。中国海外利益主要存在于国门之外,对象国和地区是其空间载体。在这种情势下,海外利益既与母国的利益相融合,也与对象国的利益相融合,同时受制于地区和国际形势的变化。很大

---

① Yong Deng, "The Chinese Conception of National Interests in International Relations", *The China Quarterly*, No. 154, 1998, pp. 491–514.
② 苏长和:《中国海外利益管理的新视角》,载《探索与争鸣》,2011年第8期。
③ 王发龙:《国际制度视角下的中国海外利益维护路径研究》,山东大学博士学位论文,2016年,第27—28页。
④ 李志永:《"走出去"与中国海外利益保护机制研究》,北京:世界知识出版社,2015年版,第10—11页。

程度上，中国海外利益具有国家利益和共同利益的特征。第三，中国海外利益是融合了多主体、多领域、多特性的利益综合体。国际性是其首要特征，因其存在于国门之外；国家性和非国家性是其基本特征，同时包括国家、企业和公民等主体的利益；综合性是其显著特征，国家与非国家的利益、经济的与安全的利益都包含在内；重要性是其必然特征，对国家的长远发展、全局利益影响越来越大。

总而言之，本书将中国海外利益界定为中国在发展过程中通过参与国际交流而产生的、一种存在于国家领土范围以外的、新型的、合法的利益集合体。这一概念强调了中国发展的意涵，兼顾了海外利益的国家和战略蕴涵；突出了海外利益是一种新型的利益，与以往的国家利益既相互联系又相互区别；表明了海外利益的集合属性，包括了国家、企业、社会组织和公民等多主体的利益。

第二节 中国海外利益的主要内涵

中国海外利益的内涵极为丰富，这也是难以对之进行概念界定的一个重要原因。现有研究中，中国海外利益几乎无所不包。一般来看，包括政治利益、经济利益、安全利益和文化利益等内容；具体来看，则包括商品出口、能源与原材料进口、引资与对外投资、技术引进和输出、承包工程、劳务输出、公民出境游、对外援助、文化交流、通道安全、文化传播和国际形象等内容，扩展开来还涉及恐怖主义、全球治理、大国关系、共建"一带一路"等诸多领域。特别是伴随着近年来共建"一带一路"倡议的落地实施，中国海外利益的增长迎来一个新阶段,其内容也因此更加广泛。[1]

关于中国海外利益内涵的这些归纳,一方面反映了学界对海外利益的认知尚处于探索阶段,且在不断演进;另一方面表明了设定一个清晰的海外利益分类框架的重要性,据之可以把握海外利益的内容,兼顾其主体性和层次性特征。本书结合内容、主体和重要性三重标准,参照学界以往对海外利益内涵的分类探讨,将中国海外利益分为四种类型、三个主体,见表1-1。

表1-1 中国海外利益的类型及主体

主体	海外政治利益	海外经济利益	海外安全利益	海外文化利益
国家	中国与他国建立的外交关系、中国加入的国际组织、中国在国际组织中的合法权利、和平稳定的国际环境、在全球公共领域中拥有的合法权利等	中国的出口市场、中国的海外能源资源供应基地、中国对外投资、中国购买的外国国债、中国的外汇储备、中国的对外援助等	国家驻外机构(使领馆等)及其工作人员的安全、战略通道的安全、能源输送管线的安全等	中国的语言和文化传播、国际尊重、国家形象
企业	获得相关信息的权利、司法审查相关权利、非歧视、贸易权、合法投资的权利等	企业拥有的海外投资、海外商品市场、海外工程项目、厂房设备等	对外投资的安全、商家店铺和厂房设备的安全、员工的安全	企业品牌、企业形象、企业文化
公民	国民待遇、人权	个人海外资产	人身安全	个人形象、个人尊严或荣誉

资料来源:作者根据有关研究资料整理。

---

[1] 郎帅、杨立志:《中国海外利益维护:新现实与新常态》,载《理论月刊》,2016年第11期。

一、中国海外利益的政治内涵

中国海外利益首先表现为海外政治利益。而在国家、企业和公民三类主体的海外政治利益中，又以国家的海外政治利益为先，其是后两者获得的前提。

（一）国家的海外政治利益

政治互动是主权国家间交往的主要内容之一。中国的海外政治利益都是在此基础上实现的。这些利益包括：中国与他国建立的外交关系、中国加入的国际组织、中国在国际组织中的合法权利、和平稳定的国际环境、中国在全球公共领域中拥有的合法权利等。根据外交部的统计数据，截至2024年1月，与中国正式建立外交关系的国家数量达到183个，如表1-2所示。中国还是世界上几乎所有主要政府间国际组织的成员国，并在关乎世界和平与发展的多个国际组织中积极作为。中国是联合国安理会五大常任理事国之一，是国际货币基金组织、世界贸易组织、世界银行、世界卫生组织、国际原子能机构、亚太经合组织、上海合作组织、二十国集团（G20）、金砖国家等的重要成员，还是亚洲基础设施投资银行的倡议国。另外，维护和平稳定的国际环境一直是中国的目标之一。党的二十大报告指出："推进双边、区域和多边合作，促进国际宏观经济政策协调，共同营造有利于发展的国际环境。"[①] 友好的对外关系网络与良好的国际环境对中国的发展而言弥足珍贵。而伴随着人类对未知领域的不断探索，中国享有国际法赋予的在公海、外太空、极地和互联网领域进行科研和商业开

---

① 习近平：《高举中国特色社会主义伟大旗帜 为全面建设社会主义现代化国家而团结奋斗——在中国共产党第二十次全国代表大会上的报告》，载《人民日报》，2022年10月26日，第1版。

发的权利。另外，自 2015 年以来，中国在吉布提建设长期海军后勤补给基地一事备受瞩目。2016 年"两会"期间，外交部长王毅就中国外交政策和对外关系回答中外记者提问时指出："根据客观需要，响应当事国的愿望，在涉及中国利益集中的地区，尝试进行一些必要的基础设施和保障能力建设。这不仅合情合理，也符合国际惯例。"① 通过与东道国协商合作，在互利共赢的基础上建设海外基地是中国的合法权利。

表 1-2　中国建交国的洲际分布（截至 2024 年 1 月）

洲别	数量	最早与中国建交的国家及时间
亚洲	45 国	朝鲜，1949 年 10 月 6 日
非洲	53 国	埃及，1956 年 5 月 30 日
欧洲	44 国	俄罗斯，1949 年 10 月 2 日
美洲	28 国	古巴，1960 年 9 月 28 日
大洋洲	13 国	澳大利亚，1972 年 12 月 21 日

资料来源：《中华人民共和国与各国建立外交关系日期简表》，https://www.mfa.gov.cn/web/ziliao_674904/2193_674977/200812/t20081221_9284708.shtml。

（二）企业的海外政治利益

国家间政治关系的改善推动了企业的跨国行为。在中国政府同其他国家政府发布的建交公报或联合声明中，基本都包含经济合作、互利共赢的相关内容。这为企业在相关国家进行商业活动提供了政治便利。2002 年 1 月 25 日，新华社发布了《中华人民共和国加入世界贸易组织议定书》，

---

① 《外交部部长王毅就中国外交政策和对外关系回答中外记者提问》，https://www.gov.cn/xinwen/2016-03/08/content_5050976.htm。

规定了外国企业和外商投资企业在华享有的一系列权利，包括：获得准确和可靠的信息；受司法审查时进行上诉的机会；不低于给予其他企业的待遇；贸易权。[①] 与之对应，中国企业在开展对外业务时，拥有与东道国企业或者在东道国的其他国家企业同样的权利，有合法进行投资、建厂、经营的自由。根据中国商务部发布的消息，截至2024年1月26日，中国已经同29个国家和地区签署了20余项自贸协定，占中国对外贸易总额的三分之一左右。2023年，中国在自贸协定谈判和签署方面创造新的历史纪录，新签协定达到四个，自贸区的范围正在不断扩大，见表1-3。在此背景下，中国国有和民营跨国企业的数量逐渐攀升。

表1-3 中国的自贸区建设

已签协定的自贸区	正在谈判的自贸区	正在研究的自贸区	优惠贸易安排
中国-智利（含升级）、中国-巴基斯坦、中国-新西兰（含升级）、中国-新加坡（含升级）、中国-秘鲁、中国-冰岛、中国-瑞士、中国-韩国、中国-澳大利亚、中国-东盟（含升级）、中国-哥斯达黎加、中国-格鲁吉亚、中国-马尔代夫、中国-毛里求斯、内地与港澳更紧密经贸关系安排、中国-柬埔寨、中国-尼加拉瓜、中国-洪都拉斯、中国-厄瓜多尔、中国-塞尔维亚、《区域全面经济合作伙伴关系协定》等	中国-海合会、中日韩、中国-斯里兰卡、中国-以色列、中国-挪威、中国-摩尔多瓦、中国-巴拿马、中国-巴勒斯坦等	中国-哥伦比亚、中国-斐济、中国-尼泊尔、中国-巴新、中国-加拿大、中国-孟加拉国、中国-蒙古国等	亚太贸易协定、对最不发达国家特别优惠关税待遇等

资料来源：中华人民共和国商务部中国自由贸易区服务网，http://fta.mofcom.gov.cn/。

[①] 《中华人民共和国加入世界贸易组织议定书》，载《人民日报》，2002年1月26日，第5版。

(三) 公民的海外政治利益

中国公民的海外政治利益也是以中国外交为支撑的，泛指中国公民在其他国家享有的人身自由权、公正审判权、平等权和非歧视权等基本权利。

二、中国海外利益的经济内涵

中国海外经济利益被视作中国海外利益的核心和基础。[①] 在中国海外利益的拓展过程中，政治利益是先导，经济利益是指向。

（一）国家的海外经济利益

经济交流是主权国家与外部世界互动的又一主要内容。伴随着中国对外开放的不断深入和融入世界进程的加快，中国国家层面拥有的海外经济利益愈来愈多，具有规模的庞大性，包括：中国的进出口、对外直接投资、海外能源资源供应、中国购买的外国国债、中国的外汇储备、中国的对外援助等，见表1-4。党的二十大报告指出，"我国成为一百四十多个国家和地区的主要贸易伙伴，货物贸易总额居世界第一，吸引外资和对外投资居世界前列"[②]。2023年1月13日，在国务院新闻办公室举行的新闻发布会上，海关总署相关负责人介绍了2022年全年进出口情况，数据显示，2022年，中国货物贸易进出口总值为42.07万亿元人民币，比2021

[①] 傅梦孜、刀书林、冯仲平、张运成：《中国的海外利益》，载《时事报告》，2004年第6期；杨磊、张运成：《中国该如何保护自己的海外利益》，载《中国经营报》，2004年6月21日；王前强：《全球化与中国海外利益保障机制的转型》，载《八桂侨刊》，2005年第3期；毕玉蓉：《中国海外利益的维护与实现》，载《国防》，2007年第3期；门洪华、钟飞腾：《中国海外利益研究的历程、现状与前瞻》，载《外交评论》，2009年第5期。

[②] 习近平：《高举中国特色社会主义伟大旗帜 为全面建设社会主义现代化国家而团结奋斗——在中国共产党第二十次全国代表大会上的报告》，载《人民日报》，2022年10月26日，第1版。

年增长7.7%,连续六年保持世界第一货物贸易国地位。① 2023年,中国"推动外贸稳规模、优结构,电动汽车、锂电池、光伏产品'新三样'出口增长近30%"②。2023年9月28日,商务部、国家统计局和国家外汇管理局联合发布《2022年度中国对外直接投资统计公报》,报告显示:2022年,中国对外直接投资流量为1631.2亿美元,为全球第二位,连续11年位列全球前三,连续7年占全球份额超过1成。2022年年末,中国对外直接投资存量达2.75万亿美元,连续6年排名全球前三。中国境内投资者共在全球190个国家和地区设立境外企业4.7万家,其中,在共建"一带一路"国家设立境外企业1.6万家;近60%分布在亚洲,北美洲占13%,欧洲占10.2%,拉丁美洲占7.9%,非洲占7.1%,大洋洲占2.6%。中国对外直接投资涵盖了国民经济的18个行业大类。③ 中国的外汇储备自2006年2月底超过同期的日本后就长期位居世界第一位。国家外汇管理局公布的《2023年中国国际收支报告》显示,2023年,中国国际收支运行总体稳健,年末外汇储备保持在3.2万亿美元以上。④ 中国自1993年成为石油净进口国之后,对外能源需求不断增加。中国海关总署发布的数据显示,2015年4月,中国石油进口量达到每日740万桶,创

---

① 王俊岭:《中国外贸稳规模优结构具有坚实支撑》,载《人民日报(海外版)》,2023年1月14日,第3版。
② 李强:《政府工作报告——二〇二四年三月五日在第十四届全国人民代表大会第二次会议上》,载《人民日报》,2024年3月13日,第1版。
③ 《商务部、国家统计局和国家外汇管理局联合发布〈2022年度中国对外直接投资统计公报〉》,http://hzs.mofcom.gov.cn/article/date/202309/20230903443704.shtml;中华人民共和国商务部、国家统计局、国家外汇管理局编:《2022年度中国对外直接投资统计公报》,北京:中国商务出版社,2023年版。
④ 姚进:《国际收支有条件保持基本平衡》,载《经济日报》,2024年4月7日,第1版。

历史新高，并首次超过石油进口量在每日 720 万桶左右的美国。① 2023年，中国能源、金属矿砂、粮食等大宗商品进口量增加 15.3%，其中，进口原油、天然气、煤炭等能源产品 11.58 亿吨，增加 27.2%。② 目前，中国是全球最大的石油、天然气、煤炭消费国和进口国。与此同时，在多项大宗、民生商品进口上，中国都已稳居世界第一。

表 1-4　中国位居世界前列的海外经济利益指标

进出口	能源进口	引资投资	外汇储备	对外援助
自 2013 年起成为货物贸易第一大国；自 2009 年起成为第一大出口国；2022 年出口国际市场份额为 14.7%，连续 14 年居全球首位；连续 14 年成为第二大进口市场	2011 年首次成为煤炭进口第一大国；2015 年成为石油第一大进口国；2021 年首次超过日本成为全球最大液化天然气进口国	截至 2023 年，引资连续 32 年位列发展中国家首位；从 2015 年开始，对外投资首次超过引资，保持世界前三	自 2006 年起成为世界第一；2008 年成为美国国债最大购买国（除美国本国），后被日本超越，现位居第二	截至 2016 年，共向 166 个国家和国际组织提供近 4000 亿元人民币援助，派遣 60 多万名援助人员

资料来源：作者根据相关网站信息自制。

(二) 企业的海外经济利益

企业是中国海外经济利益的主要载体，包括开展国际业务的国有企业、民营企业和其他中资机构等。从根本上看，国有企业的海外利益属于国家的海外资产，在性质上应划入国家海外经济利益的范畴。所以，本书

---

① 《中国首超美国成世界最大石油进口国》，载《石油化工设计》，2015 年第 2 期。
② 杨美：《去年我国进出口总值 41.76 万亿元》，载《期货日报》，2024 年 1 月 15 日，第 2 版。

所指企业海外经济利益，泛指非国有企业的海外经济利益。它们包括：这些企业拥有的海外投资、海外商品市场、海外工程项目、厂房设备等。2022年年末，中国2.9万家境内投资者在国（境）外设立对外直接投资企业，从其在中国市场监督管理部门登记注册情况看，私营企业占33.6%，是中国对外投资占比最大、最为活跃的群体；有限责任公司占28.7%，位列次席；股份有限公司占13.5%；外商投资企业占5.7%；国有企业占5.6%；港澳台商投资企业占4.1%；个体经营占2.2%；股份合作企业占1%；集体企业占0.3%；联营企业占0.1%；其他占5.2%。① 截至2022年年末，中国境内投资者共在全球190个国家（地区）设立对外直接投资企业4.7万家，较上年年末增加近1000家，遍布全球超过80%的国家（地区）；其中，亚洲的境外企业覆盖率为95.7%，欧洲为87.8%，非洲为86.7%，北美洲为75%，拉丁美洲为67.3%，大洋洲为58.3%。② 美国《财富》杂志发布的2022年世界500强企业名单中，中国共有145家企业上榜，数量继续位居各国之首，中国大陆上榜企业133家，其中，民营企业34家。③ 2023年，中国共有142家企业上榜，数量继续位居各国之首，142家上榜企业2022年营收总额超11.7万亿美元④，其中新上榜企业有7家，包括宁德时代等4家民营企业。有研究显示，1979年中国批准的境外非金融企业仅有4家，1992年增长到355

---

① 中华人民共和国商务部、国家统计局、国家外汇管理局编：《2022年度中国对外直接投资统计公报》，北京：中国商务出版社，2023年版，第39页。
② 同①，第42页。
③ 《〈财富〉世界500强榜单出炉 中企数量连续三年居首》，载《中国总会计师》，2022年第8期。
④ 《最新世界500强：142家中国公司上榜》，载《经济导刊》，2023年第8期。

家，2014 年增长到 6182 家。① 在这些企业中，拥有海外资产、营业收入和员工的民营企业数量不断增加。美银美林亚太并购交易主管斯蒂芬·戈尔（Stephen Gore）称："中国企业境外并购交易的主旋律已经改变，国有企业不再是海外资产的唯一买家。"② 特别是在共建"一带一路"过程中，非国有企业正在成为中国海外经济利益拓展的主力军，见表 1-5。

表 1-5　2005—2022 年中国民营企业就共建"一带一路"倡议投资情况

年份	项目数量指数	金额指数
2005	43.78	14.97
2007	44.66	22.00
2009	55.17	11.81
2011	63.92	87.43
2013	68.30	69.81
2015	190.02	238.34
2017	255.69	328.26
2019	297.72	334.69
2021	188.27	154.58
2022	138.35	119.50

资料来源：白波：《南开大学报告：民企投资占"一带一路"总投资半数以上》，https://baijiahao.baidu.com/s? id=1771203432390 084469&wfr=spider&for=pc。

---

① 卢进勇、李建明、杨立强：《中国跨国公司发展报告》，北京：对外经贸大学出版社，2015 年版。

② 《美媒：中国海外并购主角从国企逐渐转为民企》，http://finance.cankaoxiaoxi.com/2014/0923/505980.shtml。

（三）公民的海外经济利益

在改革开放的大力推动下，越来越多的国人走出国门，务工、求学、旅游、经商、购物，他们携带出境的个人合法财产及在境外获得的合法财产构成了中国公民的海外经济利益。

三、中国海外利益的安全内涵

中国的海外安全利益与海外政治利益和海外经济利益密切相关。中国海外政治利益和海外经济利益的全球呈现推高了其遭遇风险的概率，同时使得对其进行维护的必要性愈发凸显。

（一）国家的海外安全利益

中国的海外安全利益是以海外政治利益和海外经济利益为前提的，包括：国家驻外机构及其工作人员的安全、战略通道的安全、能源运输管线的安全等。中国对外政治关系的拓展使得中国驻外机构和工作人员的数量迅速增加，其安全需要获得保障，中国驻外机构情况见表1-6。中国对外贸易的开展、对外能源资源需求的增加，使得陆上和海上交通线、能源运输管线的重要性上升，特别是伴随着共建"一带一路"倡议的落地实施，海外安全利益变得更加无法忽视。鉴于海洋运输成本低、运量大、方便快捷的特性，海运成为我国与外部世界开展贸易的主要交通运输方式。一般认为，中国的海上交通要道共七条：北太平洋航线、中太平洋航线、南太平洋航线、东南亚至大洋洲航线、中欧航线、中韩日航线、西非至中国航线，见表1-7。其中，马六甲海峡被视为中国的"海上生命线"。另外，中国的石油、天然气进口需要大量的运输管线，如中俄油气管道、中哈原油管道、中缅油气管道等，均对中国的能源安全具有重要意义。

表1-6 中国驻外机构情况（截至2024年4月）

驻外使馆(177个)	驻外总领馆(100个)	驻外团、处(11个)	总计
亚洲(45个) 非洲(53个) 欧洲(41个) 北美洲(17个) 南美洲(11个) 大洋洲(10个)	亚洲(40个) 非洲(9个) 欧洲(27个) 北美洲(10个) 南美洲(7个) 大洋洲(7个)	常驻联合国 代表团等(11个)	288个

资料来源：中华人民共和国外交部，http://www.mfa.gov.cn/。

表1-7 中国的国际海上交通要道

航线编号	航线名称	战略功能
1	北太平洋航线： 中国—加拿大；中国—美国；中国—墨西哥	贸易运输： 中国外贸总量的10%以上
2	中太平洋航线： 中国—太平洋中部—加勒比海、北美东西海岸	贸易运输： 中国外贸总量的10%以上
3	南太平洋航线： 中国—南太平洋—南美西海岸	资源进口： 石油、铁矿石等战略资源
4	东南亚—大洋洲航线： 中国—东南亚；中国—大洋洲	贸易运输、资源进口： 中国外贸总量的20%； 石油、天然气、木材、铁矿石等
5	中欧航线： 中国—马六甲海峡—印度洋—苏伊士 运河—地中海—欧洲各国	贸易运输、石油进口： 中国外贸总量的30%； 石油进口的50%
6	中韩日航线： 中国—韩国；中国—日本	贸易运输： 中国外贸总量的15%
7	西非—中国航线： 西非—好望角—印度洋— 马六甲海峡—中国	资源进口： 中国石油进口的30%； 铁矿石、锰矿石、有色金属等

资料来源：杜正艾：《切实维护海上通道安全》，载《学习时报》，2009年1月5日，第7版。

（二）企业的海外安全利益

伴随着走出国门的中国企业数量不断增多，与之相关的安全问题受到了更多关注。包括：企业对外投资的安全、商家店铺和厂房设备的安全、员工的安全等。2015年，中国已经成为仅次于美国的全球第二大对外直接投资国（之后排名略有起伏，但一直位居前三位）。在这个过程中，民营企业表现得非常活跃，在中国对外直接投资中的占比不断扩大。[1] 它们积极承包海外工程项目、进行海外资产并购、拓展本公司的生产链条、扩大国际市场份额。到目前为止，大量中国企业投资国外产业园区，在他国地域建有厂房、拥有自己的员工。在2023年7月14日国务院新闻办公室举行的领事保护与协助国务院政策例行吹风会上，商务部对外投资和经济合作司司长张力表示，截至2022年年底，中国的境外中资企业数量已经达到4.6万家，分布在全球190个国家和地区，对外直接投资存量达到2.8万亿美元，境外企业中方员工超过150万人。[2] 在海外，中国企业面临着在东道国发生的政治、经济和社会危机等多重风险，企业在海外遭遇恐怖袭击的概率和频率也在上升。习近平总书记指出："我国企业的利益已延伸到全球各个角落，大家要注重了解国际事务，深入研究利益攸关国、贸易伙伴国、投资对象国的情况，做到心中有数、趋利避害。"[3]

（三）公民的海外安全利益

近年来，中国公民海外遇袭的事件不断增多，包括在外务工人员、游

---

[1] 李照刚等：《中国企业对外直接投资步入新常态》，载《全球化》，2016年第2期。
[2] 《国新办举行领事保护与协助国务院政策例行吹风会》，http://www.scio.gov.cn/gwyzclxcfh/cfh/49553/50150/。
[3] 习近平：《习近平谈治国理政》（第四卷），北京：外文出版社，2022年版，第178页。

客、留学生等。根据中国商务部的统计，2023年，中国企业共向境外派出各类劳务人员34.7万人，比上年增加8.8万人；其中，承包工程项下派出11.1万人，劳务合作项下派出23.6万人；年末在外各类劳务人员54.1万人。① 中国旅游研究院的《2015年度中国出境旅游发展报告》指出，2014年中国出境旅游人数首次过亿，达到1.07亿人次，中国出境游已经进入"亿人次"时代。② 《中国出境旅游发展报告（2023—2024）》显示，2023年出境旅游人数超过8700万人次，预计2024年出境旅游人数将达到1.3亿人次；2023年以来，中国游客的出境选择更为多元化，欧洲、北美洲、非洲等占比提升，亚洲国家和地区仍然位列榜首。③ 改革开放以来，中国大陆的出国留学人员累计超过800万人。2019—2020年，中国仍然是最大的留学生来源国，有约100万名学生在境外高等教育机构就读。④ 全球化智库发布的《中国留学发展报告蓝皮书（2023—2024）》显示，2022—2023学年，中国仍是多个国家国际学生第一大来源国，中国在共建"一带一路"国家的留学生人数有所增加，出国留学目的地更加多元。⑤ 这些群体的人身安全受到关注。

四、中国海外利益的文化内涵

除了政治、经济、安全层面的利益，中国海外利益还涉及文化层面的

---

① 《2023年我国对外劳务合作业务简明统计》，http://www.mofcom.gov.cn/article/tongjiziliao/dgzz/202401/20240103469618.shtml。
② 马翠莲：《去年出境游人数首次过亿》，载《上海金融报》，2015年10月13日，第B10版。
③ 关子辰、牛清妍：《预计1.3亿人次！出境游升温催动供应链恢复》，载《北京商报》，2024年2月5日，第4版。
④ 王辉耀等：《大变局之下全球及中国留学发展趋势》，载全球化智库、中国银行编：《中国留学发展报告（2022）No.8》，北京：社会科学文献出版社，2022年版，第1—33页。
⑤ 汤莉：《充分发挥留学人员优势推进全球化》，载《国际商报》，2024年3月4日，第6版。

利益。它是在中国与国际社会的互动中自然形成的。

(一) 国家的海外文化利益

中国国家的海外文化利益是中国文化软实力的一种体现,包括语言和文化传播、国际尊重、国家形象等。在中国不断发展的背景下,汉语正在被世界上越来越多的人使用。整理孔子学院网站的信息发现,截至2024年4月8日,中国在全球152个国家(地区)建立了460所孔子学院和94个孔子课堂,遍布五大洲,见表1-8。中国改革开放和国家发展取得的巨大成就令人印象深刻,获得了外界的普遍认可;中国在处理国家间关系时对和平共处五项原则的坚持赢得了广大发展中国家的尊重。所有这些引发了关于"中国模式"的讨论,雷默(Joshua Cooper Ramo)将之称为"北京共识",即专心致志地、努力地进行创新和试验,积极主动地捍卫领土和主权等。[1] 中国良好的国际形象已成为中国宝贵的无形资产。

表1-8 孔子学院和孔子课堂分布情况(截至2024年4月8日)

	国家及地区(个)	孔子学院(所)	孔子课堂(个)
亚洲	37	134	33
非洲	47	65	10
欧洲	45	177	29
美洲	18	66	16
大洋洲	5	18	6

---

[1] J. C. Ramo, "The Beijing Consensus", http://fpc.org.uk/publications/TheBeijingConsensus.

续表

	国家及地区(个)	孔子学院(所)	孔子课堂(个)
总计	152	460	94

资料来源：孔子学院总部，国家汉办网站，http://www.hanban.edu.cn/confuciousinstitutes/node_10961.htm。

（二）企业的海外文化利益

中国企业的海外文化利益是指其在对外扩展过程中形成的独特魅力、精神气质，包括企业品牌、企业形象、企业文化等。在"2016年世界著名品牌500强"名单中，中国内地有198家企业上榜，除了一些国有企业外，还包括联想、万达集团、阿里巴巴等民营企业。[①] 英国品牌金融咨询公司发布的《2018年全球品牌500强》报告中，共有22个中国品牌进入了全球100强品牌行列，自2008年以来，中国上榜品牌在全球品牌500强总价值中的占比从3%升至15%。[②] 2023年12月13日，世界品牌实验室发布"世界品牌500强"榜单，中国共48个品牌上榜，首次超越日本，位居全球第三，成为大型经济体中唯一逆势上升的国家。[③] 有调查显示，在全球经济衰退的大背景下，中国企业在共建"一带一路"进程中不断履约践诺，得到共建国家民众的肯定；共建"一带一路"国家的多数受访者认为，中国企业拉动了本国经济发展，在带来先进的技术（42%）、带来新的资金投入（40%）、提供了新的就业机会（40%）等方

[①] 《2016世界著名品牌500强公布 中国内地198个品牌上榜》，http://china.cnr.cn/gdgg/20161210/t20161210_523320649.shtml。

[②] 《2018全球最具价值品牌500强》，https://www.china-10.com/news/498537.html。

[③] 胡燕妮、刘光浩：《2023世界品牌500强：中国居第三 需警惕三风险》，载《中国经济报告》，2024年第1期，第91—94页。

面有积极作用；对中国企业在责任、公平、可信、成功四个维度表现的整体认可度较高，选择比例分别为76%、77%、77%、81%。[1] 伴随着产品质量和服务的改善，以及企业社会责任的履行，越来越多的中国企业拥有了良好的国际形象。

(三) 公民的海外文化利益

目前，学界关于中国公民海外文化利益的研究比较匮乏。可以想象得到的是，不论是从单独的个体来看，还是基于群体视角来审视，中国公民的海外文化利益都是非常复杂且多元的。但概而言之，在海外的中国公民理应获得《联合国宪章》等国际公约所认可的文化权利，不受种族、性别、语言或宗教歧视。

第三节 中国海外利益的重要价值

中国海外利益是一个内涵极为丰富的综合体，涉及国家、企业和公民个人等多个主体，包含政治、经济、安全、文化利益等各项内容。中国海外利益兼具种类的多样性、规模的超大性、分布的广泛性等特征。时至今日，中国已经成为一个名副其实的海外利益大国。海外利益是中国作为一个世界大国的"新标签"，是中国角逐于国际舞台的必备元素。[2] 海外利益对保障国家的生存与发展，提升综合国力与国际地位，改善国际形象，

---

[1] 中国外文局中国企业海外形象研究课题组、翟慧霞、孙敬鑫：《2020年度中国企业海外形象调查分析报告——以"一带一路"沿线12国为调查对象》，载《对外传播》，2020年第12期，第20—22页。

[2] 郎帅、杨立志：《中国海外利益维护：新现实与新常态》，载《理论月刊》，2016年第11期。

具有重要的价值。

一、中国海外利益关系国家生存与发展

生存与发展是一个国家最基本的诉求，也是其最基本的权利。海外利益集中体现了国家的生存需要和发展需要。在"地理大发现"以前，由于时空限制，国家主要依靠本国领土范围内的资源来满足自身所需。那一时期，国家对生存和发展资源的需求是极为有限的，这是客观条件决定的。而伴随着科学技术的进步和人类知识的增长，各大洲之间的地理界限逐渐被打破，一国的生存与发展越来越依赖外部资源。很大程度上，国家生存和发展的条件已经发生了变化。即便是物产丰盈的超级大国，也无法脱离外部世界而存在。正如历史学家斯塔夫里阿诺斯（Leften Stavros Stavrianos）所言，外部世界对于一个国家而言，从来没有像今天这般重要，世界历史的全球性阶段已经来临。[①]

自1500年大航海时代开启以来，世界的发展逐渐为两种趋势所左右：一是世界在不断变小，"地球村"成为被普遍接受的概念；二是国家利益的范围在不断扩大，国家的生存和发展需要在持续增加。全球化和相互依赖已成为当今世界的显著特征。全球化推动了社会关系和交易活动在空间组织中的转变，促进了跨地区的和跨大陆的流动，构建了新的行为、互动和权力关系网络。[②] 全球化的出现既为国家更好地生存与发展提供了机遇，也带来了挑战。在全球化时代，国家之间的相互依赖越来越强。而相

[①] 斯塔夫里阿诺斯著，吴象婴等译：《全球通史：从史前到21世纪》（第7版修订版）（下册），北京：北京大学出版社，2006年版，第455页。

[②] David Held, Anthony McGrew and David Goldblatt et al. "Globalization", *Global Governance*, Vol. 5, No. 4, 1999, pp. 483–496.

互依赖不仅会产生互利的情形，也会使得国家在一些方面难以避免地具有敏感性和脆弱性。①一个国家的安全和发展程度越来越多地取决于其适应外部环境、处理对外关系、获取外部资源、保障海外利益的能力。海外利益已成为影响国家生存和发展的重要变量。

改革开放以前，新中国处于比较封闭的状态，原因包括：体系层面，美苏冷战左右了当时的国际关系格局，对中国的国家安全状态产生了决定性的影响。中国的主要精力集中在维护国家的政权稳固、主权独立和边界安全，发展则保持在相对较低的水平。国家层面，人民的物质和精神需求主要依靠内部资源供应。1978年党的十一届三中全会后，经济建设成为党和国家工作的中心，改革开放的序幕拉开。这契合了全球化时代的振动频率，顺应了世界发展的潮流。中国逐渐改变了贫穷落后的局面，综合国力进一步提升，人民生活进一步富足。在多个方面，特别是在经济上，中国和世界已经融为一体，对外部世界的依赖越来越强。

有研究认为，近几十年，东亚地区在经济增长上采用了一种外向型发展模式（Outward-Oriented Development）。②国际市场、国际投资和海外能源资源对国家安全和发展具有日益显著的影响。在海外经济利益的拥有量上，中国已领先地区所有国家；在与海外经济利益相关的各项指标上，中国已占据多项世界第一。正如上文所提及的，中国的进出口总额和出口额已居世界首位；中国的石油、煤炭、铁矿石等能源资源进口量渐渐稳居世

---

① 罗伯特·基欧汉、约瑟夫·奈著，门洪华译：《权力与相互依赖》（第四版），北京：北京大学出版社，2012年版，第9页。

② Gray Gereffi and Stephanie Fonda, "Regional Paths of Development", *Annual Review of Sociology*, Vol. 18, No. 1, 1992, pp. 419-448.

界第一位；中国的外汇储备余额常年居世界第一。海外市场、海外能源资源及国际金融对于中国的安全和发展而言，已变得比历史上任何时期都重要。

2008年爆发的国际金融危机波及实体经济，进而引发经济危机，造成经济衰退、停滞、低增长。美国对外转嫁危机，一方面实行量化宽松的货币政策和财政政策，加印美元，给中国以美元计价的资产造成了损失；另一方面，美国的经济震荡通过全球化网络向发达国家和新兴经济体传播，使得国际经济低迷、市场萎缩，恶化了中国企业的生存环境，中国整体的经济发展和金融安全受到冲击。2017年以来，中美关系发生多重变化，美方采取的诸多举措充分说明，美方所谓的"竞争"已成为对华进行全方位围堵和无底线遏制打压的代名词。[①] 21世纪以来，局部地区形势多变和国际恐怖主义肆虐，对中国的能源资源供应地和运输通道的安全产生负面影响，中国海上生命线面临的安全隐患愈发突出。与此同时，中国公民在海外的人身财产安全也面临越来越多的威胁。所有这一切均清晰地表明，中国海外利益已是关系中国生存与发展的重要"外部因素"。

二、中国海外利益关系国家综合国力

综合国力是对一个国家国情和基本资源进行衡量的关键指标。在黄硕风看来："它是一个主权国家生存与发展所拥有的全部实力（物质实力和精神实力）及国际影响力的总合力；是实际存在的综合力量，实质上包括生存力、发展力和国际影响力；是一种力场中的'矢量'——具有大

[①] 钟声：《以竞争定义全部中美关系是严重误判》，载《人民日报》，2023年9月14日，第17版。

第一章　中国海外利益的概念与重要价值

小、方向和作用的力。"① 在国际形势不断复杂化的今天，国家间竞争日趋激烈，主要表现为以经济发展和科技进步为基础的综合国力之争。经济力于国家的总体实力和影响力构成而言，已经变得不可或缺，对国家整体机能的塑造具有支撑作用。② 而科技力作为综合国力的核心要素之一，既有助于增强国家的军事实力，也有助于提升国家经济的发展质量，使之保持领先地位。③

国家利益规模是一国综合国力的体现，中国海外利益的规模是中国综合国力的表现之一。中国海外利益的拓展与中国综合国力的增强具有同步性。新中国成立之初，国家处于积贫积弱的状态，百废待兴，百业待举。这一时期，中国的海外利益体量较小。1978年之后，伴随着国内政治稳定、改革开放、思想观念的解放和转变，中国的外交力、经济力、科技力、军事力等大幅提升，中国逐渐发展为一个新兴的世界大国。党的十九大报告指出，"中国特色社会主义进入了新时代，这是我国发展新的历史方位"，这个时代"是我国日益走近世界舞台中央、不断为人类作出更大贡献的时代"。④ 与此同时，中国海外利益从小到大，从地区走向世界，不断发展，中国逐步成长为一个全球性的海外利益大国。

中国海外利益与中国综合国力之间的关系除了表现为时间维度上的一

---

① 黄硕风：《大国较量：世界主要国家综合国力国际比较》，北京：世界知识出版社，2006年版，第18—19页。

② Lloyd J. Dumas, "Economic Power, Military Power, and National Security", *Journal of Economic Issues*, Vol. 24, No. 2, 1990, pp. 653-661.

③ Robert L. Paarlberg, "Knowledge as Power: Science, Military Dominance, and U. S. Security", *International Security*, Vol. 29, No, 1, 2004, pp. 122-151.

④ 习近平：《决胜全面建成小康社会 夺取新时代中国特色社会主义伟大胜利——在中国共产党第十九次全国代表大会上的报告》，载《人民日报》，2017年10月28日，第1版。

致性之外，还存在着内在的关联性。中国海外利益对于中国综合国力的支撑作用体现在两个方面。第一，中国海外利益的全球性拓展扩大了中国综合国力增长的根基。很明显，一国拥有的海外利益规模越大，种类越多，内容越丰富，可供其支配和调度的资源也就越充盈。在与外部世界的互动中，中国外交网络的建立增强了中国的外交力；中国加入或倡议建立国际组织增强了中国的国际话语权和影响力；中国经济利益的海外延伸使得中国可以借助国内国际两种资源来促进发展；中国对国际先进管理经验及科学技术的引进，增强了中国的经济实力；中国外汇储备规模的扩大强化了中国应对金融风险的能力；华侨、华人和华商网络的构建有助于振兴与繁荣中华文化，提升文化软实力。

第二，中国海外利益拓展的过程是中国国家实力运用的过程。某种程度上，实力既是国家追求的目标，也是国家获益的手段。阎学通认为，一国的综合实力由政治、军事、经济和文化四个实力要素构成，四者中，第一个要素为操作性实力，后三者为资源性实力。政治实力对军事、经济和文化实力的运用决定了综合实力的大小。① 中国海外利益在巩固中国综合国力增长基础的同时，也为其提供了运用平台。中国海外利益的拓展对于国家大政方针的制定能力、国家战略的推进能力、国内国际形势的判断能力来说均是一个检验。在中国海外利益全球性呈现的道路上，中国整合自身资源的能力、应对内外部变化的能力都获得了进一步提升。总而言之，中国海外利益拓展同中国综合国力增长具有同步性，前者丰富了后者的资源，为其运用创造了条件。

---

① 阎学通：《历史的惯性》，北京：中信出版社，2013年版，第19页。

三、中国海外利益关系国家国际形象和国际地位

形象理论（Image Theory）认为，国际体系是由一系列互动的单元组成的，我们将这些单元称为国家。一个国家对别国形象的认知与其对国家间关系的判断有关，其中，国际体系的三个结构性特征——目标一致性、相对权力大小和相对地位高低，发挥了极为关键的作用。据此，其他国家的形象被划分为五种类型——盟友型、敌对型、依附型、野蛮型和帝国主义型。[1] 一个国家自身所拥有的形象及其对体系其他成员的印象共同构成了该国所处的国际环境。[2] 国家之间对彼此的态度会对其政策选择产生影响，从而左右国家的行为，影响国家的利益目标。

事实上，国际形象和国家利益二者之间存在紧密的关联。[3] 它们彼此影响、相互作用。在国际社会中，如果一个国家具有良好的形象，那么该国在与其他国家打交道时就更易获得尊重和信任，从而推进自身的利益目标；反之，如果一个国家形象欠佳，就要为此付出信任成本，成为他国政策防范的对象。同样，一个国家如果拥有广泛的利益，那么它就能够以"大国"或"强国"的身份进一步升级自身的国际形象，提高自身的国际地位；反之，如果一个国家的利益持有量有限，那么它在国际体系中就会处于较为次要的位置。海外利益是塑造一个国家国际形象和国际地位的关键指标。汪段泳的研究表明，海外利益与国家的体量、地位和形象具有明

---

[1] Michele G. Alexander, Shana Levin and P. J. Henry, "Image Theory, Social Identity, and Social Dominance: Structural Characteristics and Individual Motives Underlying International Images", *Political Psychology*, Vol. 26, No. 1, 2005, pp. 27–45.

[2] K. E. Boulding, "National Images and International Systems", *The Journal of Conflict Resolution*, Vol. 3, No. 2, 1959, pp. 120–131.

[3] Lela Garner Noble, "The National Interest and the National Image: Philippine Policy in Asia", *Asian Survey*, Vol. 13, No. 6, 1973, pp. 560–576.

显的相关性。影响力局限于地区的国家所追求的海外利益也有限，中等强国相较于前者则更有抱负和积极性，而那些具有全球影响力的世界大国的海外利益也遍布全球。①

自新中国成立以来，中国的国际形象和国际地位与中国海外利益的发展呈现出同步的趋势。改革开放以前，中国海外利益拥有量很少，且在内容上集中于与政治、安全和意识形态相关的国家利益。西方发达国家以及20世纪50年代末期以后的苏联在评价中国时，大多冠以"敌对国家""落后国家"和国际秩序的"革命者"的标签，它们所采取的对华政策也多是敌对的和不友好的。党的十一届三中全会之后，中国实行改革开放政策，更加重视经济发展。从此，中国国家利益的内涵和范围发生了重大变化，中国海外利益大量涌现并快速发展。在政治、经济和文化上，中国都在成为一个海外利益大国。中国对外交往思维观念、方式方法的转变，中国海外利益的增长，中国国际影响力的扩大，使得中国的国际形象和国际地位大幅提升。中国逐渐在国际社会中树立了积极正面的形象，并在地区和全球事务中承担大国责任，展现大国担当。习近平总书记先后提出全球发展倡议、全球安全倡议和全球文明倡议，是中国应对百年变局深化演进、推动全球治理体系改革和建设、与世界各国携手共建人类命运共同体的全球性公共产品，代表着中国在思想理念、价值体系和战略实践等方面的积极贡献。②

当然，中国在拓展海外利益的过程中，不可不注意自身政策和利益所

---

① 汪段泳：《海外利益实现与保护的国家差异——一项文献综述》，载《国际观察》，2009年第2期。
② 门洪华：《中国三大全球倡议的战略逻辑》，载《现代国际关系》，2023年第7期。

带来的影响,这是中国在发展过程中、在与国际社会互动的过程中、在海外利益的拓展过程中,必须要面对的新课题。习近平总书记指出:"落后就要挨打,贫穷就要挨饿,失语就要挨骂。形象地讲,长期以来,我们党带领人民就是要不断解决'挨打'、'挨饿'、'挨骂'这三大问题。经过几代人不懈奋斗,前两个问题基本得到解决,但'挨骂'问题还没有得到根本解决。争取国际话语权是我们必须解决好的一个重大问题。"[①] 海外利益越来越成为其他国家认知中国、判定中国国际形象和衡量中国国际地位的重要指标。中国要运用好海外利益这一资源,借助海外利益的拓展和维护行动,优化国际形象,改善国际地位,提升国际影响力。

---

① 习近平:《在全国党校工作会议上的讲话》,载《求是》,2016年第9期。

第二章

中国海外利益维护的主要实践

中国海外利益维护有其历史渊源。中国海外利益维护是伴随中国海外利益不断丰富和拓展而逐步推进的。中国海外利益拓展与中国海外利益维护相互作用、相互影响。① 本章以中国海外利益维护已有实践为讨论重点,遵循"历史—现实—未来""利益拓展—利益维护"相互对照的逻辑展开分析,对改革开放前后中国海外利益维护的实践进行系统梳理,以期为理解中国海外利益维护的历程奠定基础。

第一节 改革开放前中国海外利益的维护

新中国诞生后的很长一段时期,国家的生存和发展处境都十分艰难,中国国家利益面临多重挑战。从1949年新中国成立到1978年改革开放前,中国海外利益不论从种类上还是规模上都并不突出,其维护受制于国

---

① 海外利益的发展包括生成、拓展和维护等阶段。在时间顺序上,生成阶段作为第一阶段毫无疑问。但是,拓展阶段与维护阶段的排序存在争议。一个国家可能在其海外利益产生后,就出台了维护措施,也可能在其拓展后,再对之进行维护。而更多时候,拓展与维护是同时进行的。具体到新中国海外利益的发展,本书认为,在历史上是拓展为先,维护次之;在今后,则是拓展与维护同时进行。

第二章　中国海外利益维护的主要实践

内外大环境。

这一阶段，中国的国家安全和政权稳定长期面临严峻的考验。对内而言，实现全国范围内的解放、巩固新生的人民政权是首要任务。直至1949年10月1日新中国成立这一天，解放战争尚未完成，在西藏、新疆、两广、云贵以及台湾、海南等地，仍有大量国民党的残余部队在负隅顽抗；几乎同时，大批土匪、反革命分子在各地流窜，肆意破坏人民胜利果实。中国共产党领导的人民解放军既需要在前线作战，也需要稳定后方。1951年5月23日，西藏和平解放，同年10月26日，人民解放军顺利进驻拉萨，标志着中国大陆实现了完全解放。1950—1953年，经过三年多的剿匪斗争，国内的匪患基本被肃清。在武装斗争继续进行的关口，重振新中国的经济也极为重要。1949年11月，党中央在人民的支持下，发起了"米棉之战"，有效地打击了投机资本，稳定了局势。

对外而言，维护主权独立、保障国家安全是主要目标。在美苏争霸、相互敌视的大背景下，新中国刚一成立，便卷入了冷战的漩涡。以美国为首的一些西方国家拒绝承认新中国，对新中国实行政治孤立、军事围堵、经济封锁，妄图扼杀新生的人民政权。出于国家安全的需要，新中国实行"一边倒"的外交政策，站到了以苏联为首的社会主义阵营一边。就在中国明确对苏关系的同时，也明确了对美关系，"中国成为苏联抗衡美国战略力量的一部分，也成为美国在亚洲抵制共产主义战略的打击对象，美国则明确成为中国最大的外敌"[①]。

从20世纪50年代中后期开始，中苏关系恶化，"在关于实现和平共

---

① 门洪华：《中国国际战略导论》，北京：清华大学出版社，2009年版，第175页。

处、革命行动路线上的矛盾越来越大，在如何与西方打交道的问题上，双方也存在明显分歧"①。此外，苏联推行大国沙文主义，企图控制独立自主的中国。双方的隔阂变得难以弥合，先是意识形态的分歧，后是经济关系的破裂，最终走向了边境地区的刀兵相见。② 从此，直至中美关系正常化，中国长时间同时面临着美苏两个超级大国的压力，国家安全成为重中之重。

在此背景下，"中国所追求的是海外政治利益和海外安全利益，这是由中国当时面临的政治安全形势所决定的"③。中国首先获得的海外政治利益是国际承认。作为新生国家，国际承认代表了其他国家的政府和人民对新中国的认可。苏联是第一个与中国建立正式外交关系的国家，其后是保加利亚、罗马尼亚、匈牙利、朝鲜等社会主义国家。值得注意的是，在与新中国建交的前25个国家中，还包括了瑞典、丹麦等西方资本主义国家，见表2-1。新中国成立初期，这些国家的外交支持帮助中国在国际舞台上站稳脚跟、稳住局面。之后，在中国的努力下，广大亚非拉国家与中国发展了良好关系。1971年，在中华人民共和国恢复在联合国的一切合法权利议题上，这些国家给予了中国极大的外交帮助。

---

① Tareq Y. Ismael, "The People's Republic of China and Africa", *The Journal of Modern African Studies*, Vol. 9, No. 4, 1971, pp. 507–529.
② 郎帅:《新中国外交:安全与发展的互动》,载《青岛农业大学学报(社会科学版)》,2015年第1期。
③ 陈晔:《论中国海外利益的维护和拓展》,中共中央党校(国家行政学院)硕士学位论文,2012年。

表 2-1　最早与新中国建交的 25 个国家

社会主义国家	非社会主义国家
俄罗斯(1949年10月2日);保加利亚(1949年10月4日);罗马尼亚(1949年11月23日);匈牙利(1949年10月6日);捷克斯洛伐克(1949年10月6日);朝鲜(1949年10月6日);波兰(1949年10月7日);蒙古国(1949年10月16日);民主德国(1949年10月27日);阿尔巴尼亚(1949年11月23日);越南(1950年1月18日);南斯拉夫(1955年1月2日)	印度(1950年4月1日);印度尼西亚(1950年4月13日);瑞典(1950年5月9日);丹麦(1950年5月11日);缅甸(1950年6月8日);瑞士(1950年9月14日);列支敦士登(1950年9月14日);芬兰(1950年10月28日);巴基斯坦(1951年5月21日);英国(1950年1月6日承认新中国,1972年3月13日建交);荷兰(1954年11月19日与我国建立代办级外交关系,1972年5月18日建交);阿富汗(1955年1月20日);尼泊尔(1955年8月1日)

资料来源:中华人民共和国外交部,https://www.mfa.gov.cn/web/ziliao_674904/2193_674977/。

中国获得的海外政治利益和海外安全利益还包括外部盟友。具体来看,1950年2月14日,《中苏友好同盟互助条约》在莫斯科签订,同年4月11日起生效。条约第一条明确规定了缔约国双方的义务,当缔约国一方由于他国侵袭处于战争状态时,"缔约国另一方即尽全力给予军事及其他援助"[1]。1961年7月11日,《中朝友好合作互助条约》在北京签署,同年9月10日起生效。条约第二条明确规定,当缔约国一方受到他国武装进攻陷入战争时,"缔约国另一方即尽全力给予军事及其他援助"[2]。20世纪70年代初,中美关系逐渐缓和,走向正常化。基辛格认为,在不到两年的时间内,"中美关系就由尖锐对立、孤立的情形进展到

---

[1] 《中苏友好同盟互助条约》,载《湖南政报》,1950年第5期。
[2] 《中华人民共和国和朝鲜民主主义人民共和国友好合作互助条约》,载《中华人民共和国国务院公报》,1961年第13期。

实质结盟"①。阎学通认为,"当时的双边战略关系具有半同盟的性质"②。

除了海外政治利益和海外安全利益外,这一时期中国还积累了一定的海外经济利益。起先,以苏联为首的社会主义国家是中国最主要的贸易对象,见表2-2。一项统计显示,1950年,中国与社会主义阵营国家的贸易额只占到其对外贸易的26%,三年后这一数字就变为了76%。③到1951年10月,中国出口量的77.9%流向了苏联,而苏联货物则占了中国进口量的70%。④中苏关系恶化之后,伴随着中国外交的开展,中国与亚非拉国家、欧美国家及日本的贸易量有所增加。从1963年开始,与非社会主义国家的经济关系占据主导地位,并在1968年达到了峰值,占比77%。⑤中国与日本、联邦德国、新加坡和加拿大等国家的贸易是其中的亮点。但是,中国的对外贸易规模仍较小,与外部世界的经贸往来受到限制。1978年改革开放之初,中国国内生产总值为3679亿元,占世界生产总值的比重为1.8%;货物进出口总额为206亿美元。⑥

表2-2　1951—1961年中国对外贸易情况　　（单位：百万英镑,%）

年份	总额	社会主义国家	非社会主义国家	社会主义国家占比
1951	641	353	288	55

---

① 亨利·基辛格著,顾淑馨、林添贵译:《大外交》,海口:海南出版社,2012年版,第744页。
② 阎学通:《历史的惯性:未来十年的中国与世界》,北京:中信出版社,2013年版,第36页。
③ 谢益显:《中国当代外交史》,北京:中国青年出版社,2004年版,第39页。
④ A. Boone, "The Foreign Trade of China", *The China Quarterly*, No. 11, 1962, pp. 169-183.
⑤ Bernhard Grossman, "International Economic Relations of the People's Republic of China", *Asian Survey*, Vol. 10, No. 9, 1970, pp. 789-802.
⑥ 《庆祝改革开放40周年大会在京隆重举行习近平发表重要讲话》,新华社北京2018年12月18日电。

续表

年份	总额	社会主义国家	非社会主义国家	社会主义国家占比
1953	822	565	257	69
1955	1092	806	286	74
1956	1119	736	383	65
1957	1075	675	400	62
1958	1379	842	537	61
1959	1500	1020	480	68
1960	1383	866	517	63
1961	868	428	440	51

资料来源：A. Boone, "The Foreign Trade of China", *The China Quarterly*, No. 11, 1962。

在此期间，接受援助和对外援助也是中国海外经济利益的重要内容。苏联等国家曾在资金、技术、人员和武器装备上对中国进行援助。新中国成立初期至20世纪50年代末，苏联对华经济援助包括：支持中国优先发展重工业；提供成套设备与技术，帮助中国建设156项重点工程；提供3亿美元低息贷款；派遣专家和顾问到中国，总数超过18 000人；为中国培养专家和技术人员7000余人。[1] 与此同时，中国大力开展对外援助。中国的对外援助对象为社会主义国家和发展中国家，主要有四种援助方式：成套项目，从1954年开始，帮助越南、朝鲜国家重建；一般物资，20世纪五六十年代，在国内物资短缺的情况下，中国向广大亚非国家提供设备和日用品；人力资源开发合作，从1953年起，中国开始接受来自

---

[1] 田伟：《建国初期苏联对华经济援助的再认识》，载《当代中国成功发展的历史经验——第五届国史学术年会论文集》，2005年9月，第537页。

朝鲜、越南等国的实习生；援外医疗队，1963年，中国向阿尔及利亚派出了第一支医疗队。① 1975—1978年，中国的对外援助覆盖了轻工业、交通运输、农业灌溉、公共卫生、电力通信、体育文化和重工业等诸多领域。②

总而言之，在改革开放前，中国所处的国内国际环境极为复杂，影响了中国的国家行为和目标。该阶段中国展现了不怕斗争、敢于斗争的无畏气概，奉行独立自主的和平外交政策，与外部世界不断磨合，初步搭建起了中国对外交流的政治、经济网络，在巩固国家政权、保障国家安全的同时，逐渐在世界舞台上站稳了脚跟，扩大了中国的国际影响力，提高了中国的国际声望，比较有效地维护了当时中国为数不多的海外利益，为今后海外利益国家政策的发展奠定了基础。

第二节　改革开放后中国海外利益的维护

1978年12月，党的十一届三中全会胜利召开，中国开始实行对内改革、对外开放的政策，改革开放大幕渐次拉开。改革开放后，与中国海外利益的拓展相伴，中国海外利益的维护大致可分为三个阶段。

（一）阶段一：1978—2000年

改革开放初期，中国对自身所处的国内外形势进行了评估，重新确立

---

① 中华人民共和国国务院新闻办公室：《中国的对外援助》，载《人民日报》，2011年4月22日，第22版。
② Gail A. Eadie and Denise M. Grizzell, "China's Foreign Aid, 1975–78", *The China Quarterly*, No. 77, 1979, pp. 217–234.

了发展目标。对内而言，经济发展成为第一要务。党的十一届三中全会重新确立了党的思想路线，提出"实践是检验真理的唯一标准"，要坚持"实事求是"，"一切从实际出发"，"理论联系实际"。1981年，党的十一届六中全会一致通过了《建国以来党的若干历史问题的决议》，进一步反思了历史，统一了思想，统一了认识，促进了团结。

在党的十一届三中全会上，党中央作出决定，"把全党工作着重点和全国人民的注意力转移到社会主义现代化建设上来"[1]。要改变生产关系，改变管理方式、活动方式和思想方式，以适应生产力发展的要求。此后，改革开放成为国家的基本国策。邓小平强调，生产性力量对于建设社会主义意义重大。[2] 党的十三大根据国家发展和人民需要，确定了"三步走"发展战略，以推动社会主义现代化国家建设。此后，中国继续朝着正确的方向前行，经济发展享有优先权，中国致力于逐步发展市场经济。[3] 江泽民主张建立"计划和市场相结合的社会主义商品经济"[4]。

对外而言，中国审时度势，坚持发展目标，满足自身安全需求。从某些方面来看，改革开放后，中国依然面临着比较严峻的安全形势。军事领域，中国的周边安全环境虽有改善，但在一段时期内，威胁尚存。美苏冷战持续；中国西北部、北部和东北部边境面临苏联威胁，南部边境面临越南威胁；东欧剧变、苏联解体后，一些国家妄图趁机导演中国的"和平

---

[1]《中国共产党第十一届中央委员会第三次全体会议公报》，载《实事求是》，1978年第4期。
[2] G. P. D, "Deng's Socialism in One Country", *Economic and Political Weekly*, Vol. 28, No. 4, 1985.
[3] William H. Overholt, "China After Deng", *Foreign Affairs*, Vol. 75, No. 3, 1996, pp. 63-78.
[4] 戈特弗里特-卡尔·金德曼著，张莹等译：《中国与东亚崛起：1840~2000》，北京：社会科学文献出版社，2010年版，第586页。

演变",美国及一些西方国家干涉中国内政,制裁和孤立中国。

即便如此,中国也不再以国家安全为唯一目标,而是让安全为发展服务。邓小平对当今时代主题作出了精辟论断:"现在世界上真正大的问题,带全球性的战略问题,一个是和平问题,一个是经济问题或者说发展问题。和平问题是东西问题,发展问题是南北问题。概括起来就是东西南北四个字。南北问题是核心问题。"①"正确的政治领导的成果,归根结底要表现在社会生产力的发展上,人民物质文化生活的改善上。"② 江泽民也一再强调:"和平发展仍然是当今世界、当今时代的主题,这一点不会改变;在和平稳定中谋求发展是当今世界各国人民普遍关心的头等大事。"③ 抓住发展这条主线,中国积极争取和平稳定的周边环境和国际环境,积极发展对外经贸关系、拓展对外经贸网络。

在发展目标的引领下,中国海外利益迎来了新的增长机遇。中国先是实行"引进来",通过主动与世界接轨,引进国外的资金、先进技术、管理经验和人才,推动自身产业结构升级,促进经济快速发展。邓小平指出:"认识落后,才能去改变落后。学习先进,才有可能赶超先进。……独立自主不是闭关自守,自力更生不是盲目排外。任何一个民族、一个国家,都需要学习别的民族、别的国家的长处,学习人家的先进科学技术。"④ 因此,要通过引进先进技术来改造企业,学习国际先进的管理方法、经营方法来管理企业、发展经济。郭益耀在研究中指出,经济特区和

---

① 邓小平:《邓小平文选》(第三卷),北京:人民出版社,1993年版,第105页。
② 邓小平:《邓小平文选》(第二卷),北京:人民出版社,1994年版,第128页。
③ 饶银华:《新中国外交思想概论》,北京:中央文献出版社,2006年版,第16—19页。
④ 同②,第91页。

开放整个沿海地区是中国吸引外资和技术的重要手段。① 江泽民指出："我们是以引进来为主，把外国的资金、技术、人才、管理经验等引进来，这是完全必要的。"② 正因如此，相比改革开放以前，改革开放后，中国海外利益的规模逐渐扩大，内容也不断丰富。

这一阶段，中国海外利益首先表现为海外政治利益，主要指中国外交局面的改善，如1979年中美建交。到20世纪末，中国与世界上绝大多数主权国家建立了外交关系。在国际机制方面，费能文（James V. Feinerman）等发现，直到20世纪80年代，中国才开始加入主要国际组织，如国际货币基金组织、国际复兴开发银行、亚洲开发银行、国际原子能机构、关贸总协定等，见表2-3。江忆恩（A. Iain Johnston）则在研究中指出，到20世纪90年代中期，中国加入的政府间国际组织数量已经上升到接近发达国家和在国际舞台上十分活跃的发展中国家的数量。③ 所有这些均为中国海外利益的拓展创造了良好的外部条件。

"引进来"对中国海外利益的促进主要体现在经济方面。中国的外汇储备、进出口贸易额、吸引外资数量、对外承包工程数量等都获得了前所未有的上升。历史数据显示，在1979年以前，中国外汇储备常年处于低位，从未达到10亿美元；到1990年，中国外汇储备突破100亿美元；到1996年，中国外汇储备突破1000亿美元，是1979年的125倍多，见表2-4。

---

① Y. Y. Kueh, "Growth Imperatives, Economic Recentralization, and China's Open-Door Policy", *The Australian Journal of Chinese Affairs*, No. 24, 1990, pp. 93-119.
② 江泽民：《江泽民文选》（第二卷），北京：人民出版社，2006年版，第569页。
③ 江忆恩：《中国参与国际体制的若干思考》，载《世界经济与政治》，1999年第7期。

表 2-3　中国加入主要国际组织的概况

组织名称	时间节点
联合国	1945 年 6 月 26 日成立，中国是创始国之一；1971 年 10 月 25 日，中国恢复在联合国的合法席位
国际货币基金组织	1945 年 12 月 27 日成立，中国是创始国之一；1980 年 4 月 17 日，中国恢复在其中的合法席位
国际复兴开发银行（世界银行）	1945 年 12 月 27 日成立，中国是创始国之一；1980 年 5 月 15 日，中国恢复在其中的代表权
亚洲开发银行	1966 年 11 月 24 日创建；1986 年 2 月 17 日，中国成为正式成员
国际原子能机构	1957 年 7 月 29 日成立；1984 年 1 月 1 日，中国成为正式成员国
关贸总协定	1947 年 10 月 30 日成立，中国是创始国之一；1986 年 7 月 11 日，中国正式提出"复关"申请

资料来源：James V. Feinerman, Natalie Lichtenstein and Fengming Liu et al. "China's Entry into the International Economic System", *Proceedings of the Annual Meeting (American Society of International Law)*, Vol. 82, 1988。

表 2-4　1979—2000 年中国的外汇储备　　（单位：亿美元）

年份	金额
1979	8.40
1980	-12.96
1985	26.44
1990	110.93
1995	735.97
1996	1050.29
2000	1655.74

资料来源：国家外汇管理局，http://www.safe.gov.cn/safe/2018/0612/9313.html。

根据国家统计局的数据，改革开放后，中国于1990年实现贸易顺差；到了2000年，出口总额、进口总额、进出口总额分别是1978年的123倍、99倍和110倍，见表2-5。1993年，中国成为石油净进口国；2000年，中国原油进口量约为1995年的2.1倍，见表2-6。2000年，中国实际利用外资、实际利用外商直接投资分别约为1983年的26倍和44倍，见表2-7。2000年，中国对外承包工程合同数及金额分别约为1979年的96倍和355倍，对外承包工程年末在外人数和对外劳务合作年末在外人数分别约为1985年的1.82倍和14.83倍，见表2-8。伴随着国际环境的改善和经济交流的增多，中国公民赴海外务工、经商、求学、旅游的人数也在不断增加。与此同时，中国的海外文化利益也在不断拓展。

表2-5　1978—2000年中国进出口情况　　（单位：亿元）

年份	出口总额	进口总额	进出口总额
1978	167.60	187.40	355.00
1980	271.20	298.80	570.00
1985	808.90	1257.80	2066.70
1989	1956.00	2199.90	4155.90
1990	2985.80	2574.30	5560.10
1995	12 451.80	11 048.10	23 499.90
2000	20 634.40	18 638.80	39 273.20

资料来源：国家统计局，http://www.stats.gov.cn/。

表2-6　1995—2000年中国原油进口情况　　（单位：万吨）

年份	原油	成品油	总计
1995	3400.63	—	3400.63

续表

年份	原油	成品油	总计
1996	2262	1583	3845
1997	3547	2379	5926
1998	2732	2176	4908
1999	3661	2082	5743
2000	7027	1805	8832

资料来源：国家统计局，http://www.stats.gov.cn/。

表 2-7　1983—2000 年中国利用外资情况　　　　（单位：万美元）

年份	实际利用外资	实际利用外商直接投资	实际利用外商其他投资
1983	226 000	92 000	28 000
1985	476 000	195 600	29 800
1990	1 028 900	348 700	26 800
1995	4 813 300	3 752 100	28 500
2000	5 935 600	4 071 500	864 100

资料来源：国家统计局，http://www.stats.gov.cn/。

表 2-8　1979—2000 年中国对外承包工程和对外劳务合作情况

年份	对外承包工程合同（份）	对外承包工程金额（亿美元）	对外承包工程年末在外人数（人）	对外劳务合作年末在外人数（人）
1979	27	0.33	—	—
1980	138	1.40	—	—
1985	465	11.16	30 600	24 900
1990	920	21.25	21 800	36 100
1995	1558	74.84	38 400	225 900
2000	2597	117.19	55 600	369 300

资料来源：国家统计局，http://www.stats.gov.cn/。

总而言之，1978—2000年，"引进来"为中国海外利益的拓展搭建了初步的经济网络，中国海外利益的基本形态均已出现，基本价值也在不断凸显，外部市场、外部投资、海外能源资源对中国的意义越来越大。中国海外利益拓展涵盖了更多的主体，地方政府、企业和公民个人开始在中国对外交往中扮演重要角色。中国通过主动扩大开放不断融入世界，与外部世界调适，与世界其他国家建立良好关系，维护了自身海外利益。

(二) 阶段二：2001—2007年

经过前期积累，中国海外利益拓展的条件进一步成熟。伴随着中国海外利益的持续拓展，如何对其进行维护引发了愈来愈多的关注。2001—2007年，中国进一步融入世界并影响世界。

继"引进来"之后，中国又实施了"走出去"。"走出去"以推动中国更高水平的发展为目标，鼓励发挥中国的比较优势，进行对外投资，开展对外工程承包和劳务合作，开发国内稀缺资源，利用国外人力资源从事加工贸易等。[1] "走出去"是中国经济发展到一定阶段的产物，是扩大出口、开拓国际市场的需要[2]，与"引进来"彼此支撑、相互联系。从宏观层面来看，正是在引进外资、先进技术、管理经验和优秀人才的基础上，中国经济才得以迅速恢复并实现快速增长，外汇储备也在不断增加。1997年亚洲金融危机对中国经济来说是一个考验，表明了中国经济在"引进来"阶段的发展水平。中国已经具备了较强的经济实力，产业结构不断优化升级，三大产业特别是第二产业的资产质量、技术含量和劳动生

---

[1] Eunsuk Hong and Laixiang Sun, "Dynamics of Internationalization and Outward Investment: Chinese Corporations' Strategies", *The China Quarterly*, No. 187, 2006, pp. 610-634.

[2] 石广生：《实施"走出去"战略 提高对外开放水平》，载《求是》，2002年第21期。

产率都迅速提升。从企业层面来看，中国企业已具备了一定的"走出去"的物质基础和实践经验，它们在市场驱动和经济全球化的助力下，对于"走出去"也有着强烈的需求和愿望。[1]另外，中国的资本、企业和人员走出国门，有利于更大限度地吸收外国的资本、人才、先进技术和优秀的管理模式。

"走出去"使中国海外利益在更广阔的空间内实现了拓展。"走出去"也是以海外政治利益的拓展为前提的。在"走出去"出台的同年12月，中国加入了世界贸易组织，成为第143个成员。作为处理国家间贸易的唯一全球性国际组织，世界贸易组织的目标是帮助货物和服务的生产商、出口商和进口商开展业务。世界贸易组织坚持以下基本原则：非歧视，这包括既不歧视他国，也不歧视他国的产品、服务或公民；更加开放，降低贸易壁垒，鼓励开展贸易；可预测和透明，不应任意提高贸易壁垒；让欠发达国家更多地获益；保护环境。[2]中国加入世界贸易组织，在承担相应义务的同时享有相应的权利。除了加入全球性的国际组织，中国还积极搭建自贸区网络。2002年11月，在第六次中国-东盟领导人会议上，中国和东盟十国签订了《中国与东盟全面经济合作框架协议》，决定逐步取消关税和非关税壁垒，实现服务贸易自由化，促进投资，至2010年建成中国-东盟自贸区。[3] 2005年11月，中国与智利签署了《中国-智利自由贸

---

[1] John Wong and Sara Chan, "China's Outward Direct Investment: Expanding Worldwide", *China: An International Journal*, Vol. 1, No. 2, 2003, pp. 273–301.

[2] World Trade Organization, "What is the WTO?", https://www.wto.org/english/thewto_e/whatis_e/whatis_e.htm.

[3]《中华人民共和国与东南亚国家联盟全面经济合作框架协议(中文译文)》, http://fta.mofcom.gov.cn/dongmeng/annex/xieyizw_cn.pdf.

易协定》。2006年11月，中国与巴基斯坦签订了《中国-巴基斯坦自由贸易协定》，决定削减贸易壁垒，推进自由贸易。与此同时，中俄、中日、中日韩等双边和多边经贸合作也在不断扩展。所有这些都增加了中国企业、商品、服务、资本及公民的自由度，为其"走出去"提供了便利。

"走出去"极大地推动了中国海外经济利益的增长。中国的对外贸易、对外承包工程和外汇储备均大幅提升。国家统计局的数据显示，2007年，中国的货物进出口总额、出口总额和进口总额分别是2001年的4倍、4.3倍和3.7倍，见表2-9。2007年，中国对外承包工程合同数及金额分别约为2001年的1.08倍和5.95倍，中国对外承包工程年末在外人数和对外劳务合作年末在外人数分别约为2001年的3.93倍和1.22倍，见表2-10。国家外汇管理局的数据显示，2001年，中国的外汇储备超过2000亿美元；2004年超过6000亿美元；2005年超过8000亿美元；2006年2月，中国外汇储备首次超越日本，成为世界第一，并在年底突破1万亿美元，见表2-11。[1] 在大量中国企业、商品、工程项目走出国门的同时，中国公民出国经商、务工、求学、旅游的人数也在不断上升。2003年，中国共有各类出国留学人员11.73万人[2]，到2006年，出国留学人员为13.38万人[3]。2001年，中国公民出境游人数为1213.31万人次，到

---

[1] 张旭东：《我国外汇储备余额突破万亿美元》，载《中国改革报》，2007年1月17日，第2版。

[2] 教育部国际合作与交流司：《教育部2003年度留学人员情况统计结果》，http://www.moe.gov.cn/srcsite/A20/moe_851/200402/t20040216_78194.html。

[3] 教育部国际合作与交流司：《教育部2006年度各类留学人员情况统计结果》，http://www.moe.gov.cn/srcsite/A20/moe_851/200702/t20070214_78191.html。

2007年这一数字攀升至4095万人次。[①]

表2-9　2001—2007年中国进出口贸易情况　　　（单位：亿元）

年份	出口总额	进口总额	进出口总额
2001	22 024.40	20 159.20	42 183.60
2002	26 947.90	24 430.30	51 378.20
2003	36 287.90	34 195.60	70 483.50
2004	49 103.30	46 435.80	95 539.10
2005	62 648.10	54 273.70	116 921.80
2006	77 597.20	63 376.80	140 974.00
2007	93 627.10	73 296.90	166 924.00

资料来源：国家统计局，http://www.stats.gov.cn/。

表2-10　2001—2007年中国对外承包工程和对外劳务合作情况

年份	对外承包工程合同（份）	对外承包工程金额（亿美元）	对外承包工程年末在外人数（人）	对外劳务合作年末在外人数（人）
2001	5836	130.39	60 000	414 700
2002	4036	150.55	78 500	410 400
2003	3708	176.67	94 000	429 700
2004	6694	238.44	114 700	419 400
2005	9502	296.14	144 800	418 700
2006	12 996	660.05	198 598	475 200
2007	6282	776.21	236 002	505 100

资料来源：国家统计局，http://www.stats.gov.cn/。

[①] 《中国公民出境游人数大幅增长》，https://www.gov.cn/jrzg/2011-11/28/content_2005334.htm；《旅游局局长：我国旅游业总收入首次突破1万亿元》，https://www.gov.cn/jrzg/2008-01/18/content_862479.htm。

表 2-11　2001—2007 年中国外汇储备　　　　（单位：亿美元）

年份	金额
2001	2121.65
2002	2864.07
2003	4032.51
2004	6099.32
2005	8188.72
2006	10 663.44
2007	15 282.49

资料来源：国家外汇管理局，http://www.safe.gov.cn/safe/2018/0612/9313.html。

"走出去"增加了中国海外利益维护的紧迫性。随着中国企业和公民"走出去"规模的扩大和分布的延伸，其遭遇风险的概率有所提高。针对他们的海外侵权伤害典型事件包括：2002年3月，在塞尔维亚和黑山共和国首都贝尔格莱德，中国上海商人沈先生遭到绑架，被勒索赎金200万元；同年6月，在吉尔吉斯斯坦的比什凯克，中国外交官王建平与其司机遭枪杀。2003年3月，中国船只在斯里兰卡海域遭遇海盗袭击，17名船员失踪或死亡，其中有15名中国人。2004年3月，2名中国工人在苏丹达尔富尔地区被绑架；同年4月，7名中国工人在伊拉克遭到绑架；6月，中国在阿富汗的援建工地遇袭，11死4伤；10月，2名中国工程师在巴基斯坦被绑架，其中1人死亡。2006年2月，3名中国工程师在巴基斯坦被枪杀。2007年，在埃塞俄比亚、巴基斯坦、尼日尔、尼日利亚等地，分别发生了针对中国公民的袭击事件，均有伤亡。① 中国驻外机构及其工作人员、中国海外企业员工、中国海外公民的人身和财产安全亟须保障。

　　中国公民和企业海外遇袭频率的升高促使中国政府对相关领域的工作进行调整，主要体现在外交领域。首先，领事服务信息管理日渐完善。2000年，中国外交部首次发布了《中国境外领事保护和服务指南》（以下简称《指南》），其主要目的是确保中国企业和公民在境外能够及时获得领事保护和领事服务。2003年，新版《指南》出台，更具实用性和操作性，可于各个外交机构免费领取。《指南》对"领事保护"作出的定义如下："当本国公民、法人的正当权益在接受国受到侵害时，中国驻外使、领馆依据包括国际公约在内的国际法的各项原则、双边条约或协定以及中国和驻在国的有关法律，通过外交途径，反映有关要求，敦促驻在国有关当局公正、合法、友好、妥善地处理。"② 2007年，在上述两版《指南》的基础上，中国外交部领事司发布了修订版的《中国领事保护和协助指南》，相关信息更加丰富全面，内容更加简洁易懂。其次，组织机构日趋健全。2004年，外交部设立了涉外安全事务司，核心职责是协调和处理涉外事宜、保障国家安全。2006年，外交部在领事司内设立了领事保护处，一年后又将其升格为领事保护中心。在发生紧急事件时，这些机构有助于协调各部门资源，保护我国公民和法人的合法权益。最后，党和政府日益重视。2004年，胡锦涛在第十次驻外使节会议上指出，"要加强经济外交和文化外交，推动实施'引进来'和'走出去'相结合的对外

----

① 李晓敏：《非传统安全威胁下中国公民海外安全分析》，北京：人民出版社，2011年版，第354—372页。
② 《中国境外领事保护和服务指南》，载《政策瞭望》，2003年第6期。

开放战略","要增强我国海外利益保护能力,完善相关法律法规,健全预警和快速反应机制,改进工作作风,满腔热情地为在国外的我国公民和法人服务"。[1] 中国海外利益维护意识进一步增强。

另外,在维护世界和平和地区秩序方面,中国也取得了进展。1990年,根据联合国有关决议,中国维和部队正式成立。从该年开始,应联合国秘书长请求,中国每年向联合国派遣维和人员。2001—2007年,中国对外派出执行维和任务的人员累计达数千人次,是五个常任理事国中最多的。中国维和人员在防止冲突升级、阻止冲突再起、促进战后重建等各项工作中表现优异,为维护相关国家和地区安全稳定作出了突出贡献。2001年,中国、哈萨克斯坦、吉尔吉斯斯坦、俄罗斯、塔吉克斯坦、乌兹别克斯坦六国在中国上海宣布成立上海合作组织,旨就打击恐怖主义、分裂主义和极端主义"三股势力"开展合作,维护有关地区秩序。这被外界视为中国"首次尝试建立一个新的国际制度"[2],保障其在中亚地区的利益[3]。

总而言之,在2001—2007年间,中国海外利益不断拓展,"走出去"和"引进来"相结合,进一步丰富了中国海外利益。特别是伴随着大量中国企业和公民走出国门,中国海外利益的主体更加多元,形式更加多样。如何保护中国公民和法人在海外的权益和安全这一问题正受到越来越多的关注。在国内国际形势不断复杂的背景下,"保护国家及公民的海外

---

[1] 《第十次驻外使节会议在京举行》,载《人民日报》,2004年8月30日,第1版。
[2] Matthew Oresman, "Catching the Shanghai Spirit", *Foreign Policy*, No. 142, 2004, pp. 78-79.
[3] Kevin Sheives, "China Turns West: Beijing's Contemporary Strategy Towards Central Asia", *Pacific Affairs*, Vol. 79, No. 2, 2006, pp. 205-224.

利益，中国不仅需要一个机构，更需要机制和经验"①。在党和政府的重视下，中国提出"外交为民"，海外利益的保护力度在增加，领事保护机制等逐渐建立。

(三) 阶段三：2008—2012 年

2008—2012 年，中国对世界的影响日益深入。面对国际形势风云变幻，中国坚持改革开放，中国海外利益进一步拓展，维护机制与举措日渐完善。

中国继续坚持"引进来"与"走出去"相结合，并进一步强化"走出去"的效能。2008 年，于美国爆发的国际金融危机暴露了世界经济的结构性弊端。先是欧洲国家、日本等发达经济体，接着是新兴经济体，大多经历了经济的衰退或减速。在欧盟内部，多国发生了主权债务危机，即以国家主权为担保的对外借债（既包括向国际货币基金组织和世界银行的借贷，也包括向其他主权国家的借贷）超出了本国的承受能力，无法偿还，引发了债务违约风险，见表 2-12。自冰岛 2008 年 10 月发现主权债务问题后，2009 年 10 月，"欧债危机"在希腊引爆，全球三大评级机构标普（Standard and Pooks）、穆迪（Moody's）和惠誉（Fitch Ratings）均下调了对希腊的信用评级。随后，葡萄牙、西班牙、爱尔兰、意大利等国也暴露出较为严重的财政问题，债务危机开始在全欧蔓延，并波及全球。在 2008 年国际金融危机后，日本经济变得更加脆弱，通货紧缩严重，通货膨胀率长期在低位徘徊。而俄罗斯、巴西、南非等新兴经济体的对外

---

① 朱章铭、张意轩：《涉外安全司 中国海外利益保护伞?》，载《新闻周刊》，2004 年第 24 期。

第二章　中国海外利益维护的主要实践

贸易也遭遇了较大的打击，国际市场份额逐渐萎缩，经济增长乏力。

表2-12　"欧债危机"前希腊等国的债务情况（占国内生产总值比重）（单位:%）

年份	希腊	爱尔兰	葡萄牙	西班牙	意大利	德国	法国
1998	31.8	81.2	92.1	80.8	55.7	112.2	81.0
2002	56.5	104.4	136.5	100.1	77.3	116.7	85.6
2007	84.4	184.3	159.8	168.5	96.5	105.1	99.3

资料来源：Philip R. Lane, "The European Sovereign Debt Crisis", *The Journal of Economic Perspectives*, No. 3, 2012。

这一阶段，在国际金融危机的冲击下，中国的对外贸易和国际金融也面临挑战。在对外贸易和引资方面，中国商品出口的前三大市场——美国、欧盟和日本需求下降，外资在投向中国时变得更加谨慎，这些都引起或加剧了国内一些企业的困难。在国际金融方面，中国积累的大量外汇储备、外国国债和企业债务受到威胁。中国是当时世界第一大美元外汇储备持有国，也是美国最大的债权人。美国作为美元的发行者，可以借助美元工具转嫁危机。美元是世界货币，在国际金融中享有独一无二的地位。有文章指出，美国国外资产的70%以外国货币的形式存在，美元每贬值10%，就有相当于美国国内生产总值5.3%的财富从世界各国转移到了美国。[1] 中国、俄罗斯、沙特阿拉伯等国当时已成为美国的主要债权国，如果美国采取低利率、高预算赤字和加印美元的政策，这些国家的美元资产将会大幅缩水。[2]

---

[1] 《数字天下》，载《时事报告》，2008年第2期。
[2] Stephen King, "US Policymakers Playing with Fire as the Dollar Continues to Tumble", http://www.independent.co.uk/news/business/comment/stephen-king-us-policymakers-playing-with-fire-as-the-dollar-continues-to-tumble-1801431.html.

尽管如此，金融危机也在客观上给中国带来了一定的机遇。对内而言，它促使中国政府进一步作出政策调整，深化经济改革，提高经济发展质量，增加预防风险、抵抗压力的能力。2009年《政府工作报告》把"扩内需、保增长""调结构、上水平""抓改革、增活力""重民生、促和谐"作为政府工作的主要原则，特别强调把"扩大国内需求作为促进经济增长的长期战略方针和根本着力点，……充分发挥内需特别是消费需求拉动经济增长的主导作用"。① 对外而言，为中国企业和个人进行海外并购提供了机遇。国际金融危机使得欧美一些国家的优质资产贬值，在此背景下，国家调整了"走出去"的方向，加大了中国企业和个人海外并购和对外投资的力度。

先来审视海外并购，2008年国际金融危机后，全球并购行业举步维艰，而中国企业海外并购则一枝独秀。在规模上，2002年中国企业海外并购金额为2亿美元，到2008年，这一数字升至205亿美元。根据汤森路透（Thomson Reuters）的统计，2009年，中国海外并购金额为433.9亿美元，位居世界第三，仅次于美国和法国。②国际投行数据供应商迪罗基（Dealogic）提供的数据表明，2010年第一季度，中国海外并购金额为116亿美元，同比增长了863%，创造了历史纪录季度最高值。③ 在领域上，中国海外并购不再局限于重工业，而是多点开花、日益全面。虽然仍以铁矿石、石油和其他自然资源为主，但汽车和消费品等领域的跨境并购

---

① 温家宝：《政府工作报告》，载《人民日报》，2009年3月15日，第1版。
② 龙露：《从2009年并购年看中国企业的海外并购》，载《中国市场》，2010年第13期。
③ 列铭：《中国企业海外并购"井喷"》，载《中国商报》，2010年4月13日，第4版。

也日益成为主流。① 具体到对外直接投资,也较之前实现了大幅增长。会计师事务所德勤(Deloitte)的研究报告称,"自2003年以来,中国对外投资量一直小于澳大利亚,但2009年以来,中国对外投资额仅次于美国"②。中国对外直接投资情况见表2-13。中国对外直接投资的世界排名也不断上升,与美国的差距不断缩小。

表2-13　2008—2012年中国对外直接投资情况

年份	投资净额（亿美元）	中国境内投资者数量（家）	覆盖国家（地区）数量	设立境外投资企业（家）
2008	559.1	8500	174	12 000
2009	565.3	12 000	177	13 000
2010	688.1	—	178	16 000
2011	746.5	13 500	177	18 000
2012	878.0	16 000	179	22 000

资料来源:作者根据有关研究资料整理。

不难看出,在国际金融和经济形势变幻莫测的情况下,中国在稳定既有海外利益的同时,调整了海外利益拓展的方向,并在海外并购和对外直接投资领域有所斩获,进一步丰富了中国海外利益的内容,扩大了中国海外利益的规模。中国海外利益拓展的转向体现了中国政府、企业和公民等各类行为体在危机时刻对机遇的把握,他们通过审时度势规避风险、降低利益损失、提升利益所得。

---

① 孙媛:《中国新一轮海外并购多点开花》,载《证券时报》,2010年12月1日,第A9版。
② 侯美丽:《德勤发布报告称:中国海外并购保持活跃》,载《中国经济时报》,2009年11月6日,第2版。

在世界金融和经济形势面临严峻挑战的同时，世界政治形势也发生了重大变化。2008年，格鲁吉亚与俄罗斯在南奥塞梯（South Ossetia）控制权上的冲突引发了地缘政治风险。2010年开始，"阿拉伯之春"席卷西亚、北非多国，突尼斯、利比亚、巴林、也门、叙利亚等国发生了激烈的抗议活动，有的演变为内战，并发生了西方国家武力介入的情况。[①] 世界政治经济领域的新变化，加之已暴露出的传统和非传统安全问题，使中国海外利益的生存形势愈发严峻。在2009年召开的第十一次驻外使节会议上，胡锦涛指出："必须看到，我国发展不可避免要牵动国际力量对比和利益格局变化。我国越发展，国力越增强，海外利益越拓展，我们面临的外部矛盾和摩擦就会越多，国际上牵制我国发展的各种压力和阻力越大。"[②] 所有这些都促使中国在海外利益维护方面进行更多的思考。具体来看，主要包括三个方面：

首先，领事保护方面，中国逐步完善了与海外利益关系密切的预防性领事保护机制、应急性领事保护机制、事后善后处理机制和后勤保障机制，见表2—14。[③] 在预防举措上，自2009年开始，中国商务部每年编写、更新《对外投资合作国别（地区）指南》，根据形势变化，详细介绍有关国家的投资经商环境，为中国企业的海外行动提供参考性意见；2010年，商务部等七部门共同印发了《境外中资企业机构和人员安全管

[①] Steve Hess, "From the Arab Spring to the Chinese Winter: The Institutional Sources of Authoritarian Vulnerability and Resilience in Egypt, Tunisia, and China", *International Political Science Review/Revue Internationale de Science Politique*, Vol. 34, No. 3, 2013, pp. 254–272.

[②] 胡锦涛：《胡锦涛文选》（第三卷），北京：人民出版社，2016年版，第235页。

[③] 关于中国的领事保护机制，李志永在他的专著中进行了较为详细的论述。参见李志永：《"走出去"与中国海外利益保护机制研究》，北京：世界知识出版社，2015年版，第96—116页。

理规定》；2011 年，中国外交部发布了《中国企业海外政治风险防范指南》，开通了中国领事服务网，并为出境公民提供安全提醒短信公益服务，几乎覆盖全部国家；2012 年，商务部出台了《境外中资企业机构和人员安全管理指南》。在应急保护体制机制建设上，2010 年，中国外交部领事保护中心建立了领事保护案件应急预案库。在善后处理和后勤保障上，中国外交部等相关部委均出台了有关规定，并对如何开展善后工作和进行后勤支援作出了详细说明。值得一提的是，除了政府部门完善机制建设外，中国建筑总公司、中石化集团公司、海尔集团等跨国企业也制定了各自的风险防范和应急保护预案；上海外国语大学、中国社会科学院等高校和智库机构也定期发布研究报告，为中国企业和公民提供海外活动风险提示。

表 2-14 2008—2012 年中国领事保护相关机制设置情况

年份	具体措施	职能部门
2009	发布《对外投资合作国别（地区）指南》	商务部
2010	发布《境外中资企业机构和人员安全管理规定》	商务部会同外交部、发展改革委、公安部、国资委、安全监管总局和全国工商联
	建立领事保护案件应急预案库	外交部
2011	发布《中国企业海外政治风险防范指南》；开通中国领事服务网；开通安全提醒短信服务	外交部
2012	发布《境外中资企业机构和人员安全管理指南》	商务部

资料来源：作者根据中国商务部、中国外交部网站相关内容自制。

其次，军力运用方面，中国开始有意识地强化军事能力对海外利益的支撑效能。在维护中国海外利益方面，中国军队主要在维和、撤侨、护航、搜救等领域发挥作用。维和是中国军队的常规任务之一，主要由中国维和部队承担。2008年以来，伴随着西亚、北非等地区安全形势的恶化，应联合国的请求，中国派出维和部队的批次和人次都在不断增加。护航是中国军队在中国海外利益风险攀升的情况下执行的新任务之一。亚丁湾和索马里海域是中国石油进口及商品贸易出口必经的重要通道之一，具有极高的战略价值。由于地区局势混乱以及相关国家的失序，该海域海盗袭击事件频发，严重威胁中国过往船只和其他国家船只的人员和财产安全。自2008年年底开始，中国海军海外护航的舰船编队在该海域执行护航任务，为过往船只提供护航服务，保障其通行安全。截至2024年4月9日，中国海军护航编队已连续派出46批。撤侨是中国军队在新时期执行的辅助性任务之一。外交撤侨是中国政府为保障海外中国公民的人身财产安全而采取的一项重要举措。在中国公民大规模"走出去"的背景下，中国政府组织的撤侨行动规模也越来越大，这就需要协调各方力量、多种资源。2011年，中央军委指示中国海军护航编队为中国在利比亚的撤侨活动提供支持和保障。这是中国海军首次参与的保护撤侨行动，被视为中国军队海外军事行动的"一个重要突破和重要范例"[①]。

最后，国际制度方面，中国努力提高自身在国际组织中的话语权，积极为新兴经济体和发展中国家的利益发声。面对国际金融动荡和经济衰退，西方国家集体表现乏力，而新兴经济体作为一个群体，对世界经济增

[①] 商灏：《杨毅少将：维护海外利益 需要更强力量准备作支撑》，载《华夏时报》，2011年3月7日，第26版。

长的贡献越来越大。中国作为最大的发展中国家和新兴经济体，影响力不容小视。据《发展和改革蓝皮书》显示，2009年中国对世界经济增长的贡献率超过50%。① 在全球经济形势整体走低的情况下，中国成为带领世界走出衰退泥潭的"发动机"。② 然而，在一系列重要的国际组织中，中国的贡献与其所拥有的投票权和话语权并不一致。以国际货币基金组织为例，中国的"特别提款权"（SDR）份额和投票权重长期在十名左右徘徊。经过几轮改革，中国在国际货币基金组织中的份额和投票权重逐渐攀升。2010年，国际货币基金组织份额和治理改革方案交付相关国家立法机关审议。该方案中，经过"份额转移"，中国的份额和投票权重超过法、英、德三国，仅次于美国和日本，位列第三。③ 中国的代表性和话语权越来越突出。在其他关乎世界经济走向的国际机制安排中，中国的地位也在日益彰显。自20世纪70年代中期以来，六国集团（G6，指美、日、德、英、法、意六国）、七国集团（G7，指G6国家和加拿大）、八国集团（G8，指G7国家和俄罗斯）凭借自身的经济规模和在国际经济中的影响力，主导了全球经济治理的议程；2008年国际金融危机之后，二十国集团开始取代八国集团，在应对金融危机和经济衰退等全球事务中发挥作用。二十国集团中，新兴经济体占据半数以上。中国正是通过这些努力，不断为恢复和维护全球金融和经济稳定作出贡献。

总而言之，在2008—2012年这一阶段，中国坚持改革开放，持续把

---

① 邹东涛：《中国经济发展和体制改革报告 NO.3：金融危机考验中国模式（2008—2010）》，北京：社会科学文献出版社，2010年版。

② Ross Garnaut and Ligang Song, *China: New Engine of World Growth*, Canberra: Australian National University Press, 2012, p.151.

③ "About the IMF-History", http://www.imf.org/external/about.htm.

"引进来"和"走出去"相结合，不断拓展自身的海外利益。面对2008年国际金融危机及之后的局部地区形势变化，中国积极作为、主动应对，在海外利益拓展上适时调整方向，稳中求进，大力推动了中国企业和资本"走出去"，在全球并购和对外直接投资领域多有斩获。在海外利益维护上，中国的领事保护机制进一步完善，中国军队的海外行动能力得到强化，维权效能得到更好发挥。与此同时，中国积极促进国际金融和经济机构改革，提升自身的制度行为能力，推动全球政治经济秩序的恢复和稳定，保障自身利益。

第三节　新时代中国海外利益不断拓展

党的十八大以来，中国面临的国内外形势出现新变化。新时代中国海外利益进一步拓展。伴随着"引进来"和"走出去"持续深入，中国的改革开放不断向纵深发展，高水平对外开放扎实推进，中国与外部世界的联系日益紧密。在这种形势下，中国的发展与世界的发展实现了更深程度的融合，进行了更高层次的对接。

共建"一带一路"倡议进一步丰富和拓展了中国的海外利益。2013年9月7日，习近平主席在哈萨克斯坦纳扎尔巴耶夫大学发表了题为《弘扬人民友谊 共创美好未来》的演讲，首次提出了同欧亚各国加强"政策沟通、道路联通、贸易畅通、货币流通、民心相通"，"共同建设'丝绸之路经济带'"的倡议；[①] 同年10月3日，习近平主席在印度尼西亚国

[①] 习近平：《习近平外交演讲集》（第一卷），北京：中央文献出版社，2022年版，第55页。

会发表了题为《携手建设中国-东盟命运共同体》的主旨演讲，明确表示："中国愿同东盟国家加强海上合作，使用好中国政府设立的中国-东盟海上合作基金，发展好海洋合作伙伴关系，共同建设21世纪'海上丝绸之路'。"① 至此，共建"一带一路"倡议提出并日益系统完善，落实共建"一带一路"倡议成为中国内政外交的着力点之一。共建"一带一路"倡议的提出和落地实施为中国海外利益拓展带来了新的契机。伴随着中国同共建"一带一路"国家政治交往增多、经贸往来增加、人员流动规模扩大及资金融通合作深化，中国海外利益迎来新的高速增长期。

共建"一带一路"倡议旨在促进经济要素有序自由流动、资源高效配置和市场深度融合，推动共建国家实现经济政策协调，开展更大范围、更高水平、更深层次的区域合作，共同打造开放、包容、均衡、普惠的区域经济合作架构。② 推动共建"一带一路"是党中央、国务院根据全球形势变化和中国发展面临的新形势、新任务，统筹国内国际两个大局作出的重大战略决策。③ 习近平总书记指出："共建'一带一路'倡议，目的是聚焦互联互通，深化务实合作，携手应对人类面临的各种风险挑战，实现互利共赢、共同发展。……共建'一带一路'不仅为世界各国发展提供了新机遇，也为中国开放发展开辟了新天地。"④ 从目前的形势来看，共建"一带一路"倡议助推中国海外利益实现了以下六个方面的增长：

第一，对外直接投资与吸引外资。资金融通是共建"一带一路"的

---

① 习近平：《习近平外交演讲集》（第一卷），北京：中央文献出版社，2022年版，第70页。
② 国家发展改革委、外交部、商务部：《推动共建丝绸之路经济带和21世纪海上丝绸之路的愿景与行动》，载《人民日报》，2015年3月29日，第4版。
③ 穆虹：《推进"一带一路"建设》，载《人民日报》，2015年12月11日，第7版。
④ 习近平：《习近平外交演讲集》（第二卷），北京：中央文献出版社，2022年版，第180页。

重要支撑。2014年12月29日，丝路基金成立，规模为400亿美元，首期资本金100亿美元，由中国外汇储备、中国投资有限责任公司、中国进出口银行、国家开发银行分别出资；2017年5月14日，习近平主席在首届"一带一路"国际合作高峰论坛开幕式上表示："中国将加大对'一带一路'建设资金支持，向丝路基金新增资金1000亿元人民币，鼓励金融机构开展人民币海外基金业务，规模预计约3000亿元人民币。"[1] 截至2022年年底，中国国家开发银行已直接为1300多个共建"一带一路"项目提供了优质金融服务；中国进出口银行"一带一路"贷款余额达2.2万亿元，覆盖超过130个共建国家，贷款项目累计拉动投资4000多亿美元，带动贸易超过2万亿美元。截至2023年6月底，共有13家中资银行在50个共建国家设立145家一级机构，131个共建国家的1770万家商户开通银联卡业务，74个共建国家开通银联移动支付服务；中国已与20个共建国家签署双边本币互换协议，在17个共建国家建立人民币清算安排；丝路基金累计签约投资项目75个，承诺投资金额约220.4亿美元；亚洲基础设施投资银行已有106个成员，批准227个投资项目，共投资436亿美元；交易所债券市场已累计发行"熊猫债"99只，累计发行规模1525.4亿元；累计发行"一带一路"债券46只，累计发行规模527.2亿元。[2] 此外，参与共建"一带一路"的国家也将中国作为了主要的金融业务目的地之一，推动了各国同中国的金融合作。金融监管总局数据显示：截至2023年9月末，已有来自52个国家和地区的202家银行在华设立了

---

[1] 习近平：《习近平外交演讲集》(第二卷)，北京：中央文献出版社，2022年版，第38页。
[2] 中华人民共和国国务院新闻办公室：《共建"一带一路"：构建人类命运共同体的重大实践》，载《人民日报》，2023年10月11日，第10版。

机构，外资银行资产总额为3.79万亿元；境外保险机构在华共设立了67家外资保险机构和73家代表处，外资保险机构总资产约2.33万亿元。[1]

第二，进出口贸易。贸易畅通是共建"一带一路"的重要内容，十余年来，贸易畅通水平不断提升。共建"一带一路"国家最初主要有65个，包括东盟10国、西亚18国、南亚8国、中亚5国、独联体7国、中东欧16国，以及东北亚的蒙古国等。如今，共建"一带一路"国家的覆盖范围已经大大拓展。在2023年举办的第三届"一带一路"国际合作高峰论坛开幕式上，习近平主席指出："'一带一路'合作从亚欧大陆延伸到非洲和拉美，150多个国家、30多个国际组织签署共建'一带一路'合作文件，举办3届'一带一路'国际合作高峰论坛，成立了20多个专业领域多边合作平台。"[2] 这些国家大多是发展中国家，其中不乏新兴经济体，具有较大的经济发展潜力。2013—2022年，中国与共建国家进出口总额累计19.1万亿美元，年均增长6.4%；与共建国家双向投资累计超过3800亿美元，其中，中国对外直接投资超过2400亿美元。2022年，中国与共建国家进出口总额近2.9万亿美元，占同期中国对外贸易总值的45.4%，较2013年提高了6.2个百分点；中国民营企业对共建国家进出口总额超过1.5万亿美元，占同期中国与共建国家进出口总额的53.7%。[3]

---

[1] 张漫游：《看好中国市场 外资加码中资金融机构》，载《中国经营报》，2024年1月8日，第B5版。
[2] 习近平：《建设开放包容、互联互通、共同发展的世界——在第三届"一带一路"国际合作高峰论坛开幕式上的主旨演讲》，载《人民日报》，2023年10月19日，第2版。
[3] 中华人民共和国国务院新闻办公室：《共建"一带一路"：构建人类命运共同体的重大实践》，载《人民日报》，2023年10月11日，第10版。

第三，海外工程项目。设施联通是共建"一带一路"的优先方向。受制于经济发展水平、经济实力和技术水平，共建"一带一路"国家在基础设施建设上存在较大缺口，这为中国企业"走出去"提供了机遇。中国对外承包工程商会会长房秋晨曾表示，对外承包工程和劳务合作行业"业务规模继续保持稳健增长，共建'一带一路'国家成为重要支撑"[1]。2013—2022年，中国在共建国家承包工程新签合同额、完成营业额累计分别达到2万亿美元、1.3万亿美元。[2] 2023年，对外承包工程方面，中国企业在共建"一带一路"国家新签承包工程合同额16 007.3亿元人民币，增长10.7%（以美元计为2271.6亿美元，增长5.7%）；完成营业额9305.2亿元人民币，增长9.8%（以美元计为1320.5亿美元，增长4.8%）。[3] 具体项目上，如：中巴经济走廊方向，白沙瓦—卡拉奇高速公路（苏库尔至木尔坦段）、喀喇昆仑公路二期（赫韦利扬至塔科特段）、拉合尔轨道交通橙线项目竣工通车，萨希瓦尔、卡西姆港、塔尔、胡布等电站保持安全稳定运营；新亚欧大陆桥经济走廊方向，匈塞铁路塞尔维亚贝尔格莱德—诺维萨德段于2022年3月开通运营；中国—中南半岛经济走廊方向，中老铁路全线建成通车且运营良好，中印尼共建"一带一路"的旗舰项目，时速350公里的雅万高铁开通运行；中蒙俄经济走廊方向，中俄黑河公路桥、同江铁路桥通车运营；中国—中亚—西亚经济走廊方向，中吉乌公路运输线路实现常态化运行；孟中印缅经济走廊方向，中缅

---

[1] 房秋晨：《"一带一路"支撑半壁江山"走出去"步伐稳健》，载《建筑》，2017年第3期。
[2] 中华人民共和国国务院新闻办公室：《共建"一带一路"：构建人类命运共同体的重大实践》，载《人民日报》，2023年10月11日，第10版。
[3] 《2023年我对"一带一路"共建国家投资合作情况》，http://hzs.mofcom.gov.cn/article/date/202401/20240103469619.shtml。

原油和天然气管道建成投产等。①

第四，海外政治利益。共建"一带一路"倡议是和平发展、经济合作倡议。政策沟通是共建"一带一路"的重要保障，是形成携手共建行动的重要先导。伴随着共建"一带一路"进程的推进，中国与相关国家的关系也发生了变化，重要价值不断得到彰显。在全球层面、区域和多边层面、双边层面，均取得显著进展。中国已逐渐与共建国家构建起一个双边和多边的战略伙伴关系网络。在双边层面，共建"一带一路"倡议与俄罗斯欧亚经济联盟建设、哈萨克斯坦"光明之路"新经济政策、土库曼斯坦"复兴丝绸之路"战略、蒙古国"草原之路"倡议、印度尼西亚"全球海洋支点"构想、菲律宾"多建好建"规划、越南"两廊一圈"、南非经济重建和复苏计划、埃及苏伊士运河走廊开发计划、沙特"2030愿景"等多国战略实现对接。十多年来，中国与五大洲的 150 多个国家、30 多个国际组织签署了 200 多份共建"一带一路"合作文件，形成一大批标志性项目和惠民生的"小而美"项目。② 共建"一带一路"的政策沟通长效机制建设、多边对话合作机制建设、规则标准对接扎实推进。

第五，海外公民安全。在中国与共建"一带一路"国家和地区经贸关系和政治关系不断改善的助力下，中国公民赴这些国家经商、务工、学习、旅游的人数不断增加。以出境游为例，共建"一带一路"国家正在成为中国游客青睐的"打卡地"和热门目的地。截至 2023 年 6 月底，中

---

① 中华人民共和国国务院新闻办公室：《共建"一带一路"：构建人类命运共同体的重大实践》，载《人民日报》，2023 年 10 月 11 日，第 10 版。

② 同①。

国已与144个共建国家签署文化和旅游领域合作文件。① 随着2023年中国出境游市场加速复苏，共建"一带一路"国家在中国出境游市场的热度持续走高，在热度最高的30个出境游目的地中，共建"一带一路"国家占比超过70%。② 很显然，这些中国公民在海外的人身及财产安全需要得到保障。

第六，海外文化利益。自共建"一带一路"倡议提出以来，中国在文化上与相关国家进一步对接，不断增进民心相通。中国已与大部分共建国家签署了政府间的、企业间的、民间团体间的文化交流合作协议和执行计划。文化年、艺术节、电影周等一系列活动多次举办，中国文化再次在古丝绸之路上传播，焕发生机和光彩。共建国家学习中国文化的热情不断高涨。中国与共建国家共同创建合作平台，成立了丝绸之路国际剧院联盟、博物馆联盟、艺术节联盟、图书馆联盟和美术馆联盟，成员单位达562家，其中包括72个共建国家的326个文化机构；中国在44个国家设立46家海外中国文化中心，其中，设在共建国家的有32家；在18个国家设立20家旅游办事处，其中共建国家8家；中国院校在132个共建国家办有313所孔子学院、315个孔子课堂；"汉语桥"夏令营项目累计邀请100余个共建国家近5万名青少年来华访学，支持143个共建国家10万名中文爱好者线上学习中文、体验中国文化。③ 中国在共建"一带一路"国家和地区的海外文化利益不断丰富。

---

① 中华人民共和国国务院新闻办公室：《共建"一带一路"：构建人类命运共同体的重大实践》，载《人民日报》，2023年10月11日，第10版。
② 赵珊：《"一带一路"共建国成出境游热门》，载《人民日报（海外版）》，2023年10月27日，第12版。
③ 同①。

总而言之，中国特色社会主义进入新时代，中国海外利益的拓展和维护都已进入一个新阶段。从拓展层面看，共建"一带一路"倡议把国内建设与地区治理有机地融合，既关注提升中国自身"走出去"的水平，又着力提升地区承接中国"走出去"的能力。从维护层面看，中国海外利益维护对国家核心利益维护日益重要，中国正努力在利益冲突和利益多样性中达成利益的和谐一致，以促进自身、地区和全球的共荣共赢、共同发展。

第三章

中国海外利益维护面临的风险挑战

中国已经成为一个海外利益大国,这些利益具有内容上的丰富性、种类上的多样性、规模上的庞大性、分布上的广泛性,以及面临风险的复杂性等特征。同时,中国是一个新兴大国,对于如何维护自身海外利益欠缺经验,仍面对诸多内外挑战。本章以"问题—风险—竞争"为基本点,以关系思考为落脚点,着重考察了中国海外利益维护面临的制约和挑战。第一节是关于内部制约的分析,第二节是关于外部风险的探讨,第三节则是对竞争态势的关注。

第一节 中国海外利益维护面临的内部制约

内实则外强。中国海外利益维护面临的制约首先来自中国内部。在相关研究中,学界对于中国国内限制因素的着墨并不多。这应成为中国海外利益未来研究的重点之一。具体来看,包括以下三个方面:

一、经济发展上的结构性制约

战略学认为,对于一个国家整体实力的考察,很大程度上要从经济强度入手。经济强度指的是"一个国家经济结构内在整体性质与外在整体性质合力效能的阶段性动能常量,并在运作条件下,内蕴一定量的浮动张力;动能常量与浮动张力相机共振,使其在国际格局上赢得相应的'站位'"[1]。经济强度表明了一个国家的经济发展水平和物质文明建设水平,其强弱大小主要依赖经济结构所发挥出的功能。"结构"是从系统内部描述系统性质的,"功能"是从系统外部描述系统性质的,前者的优化促使后者最大限度地展现。从一般意义上来看,一国的"经济结构"取决于三个要素:该国国民所能获取的技术,该国的制度框架,以及该国人口、资源和技术之间的结构性关系。[2] 这三个要素中的某个要素发生变化,都可能导致经济的增长或衰退,并对其外向功能产生影响。

改革开放以来,中国经济的跨越式发展正是基于经济结构的变化。从明清开始到新中国成立,中国在工业生产技术上长期落后于其他国家。新中国成立后,受制于国内外形势,中国错失了第三次科学技术革命带来的发展机遇。改革开放后,中国逐步改变了落后的局面,并在多个领域实现突破,逐渐处于世界领先水平。在制度框架上,新中国曾经"以苏联为师",采用高度集中的计划经济体制,经济缺乏活力。之后经过逐步探索改革,社会主义市场经济体制不断完善。在经济所有制、财政体制、税收体制、外汇体制、银行体制和社会保障体制等方面都实现了巨大进步。《中共中央关于全面深化改革若干重大问题的决定》提出:"经济体制改革是全面深化改革的重点,核心问题是处理好政府和市场的关系,使市场

---

[1] 王家福、徐萍:《国际战略学》,北京:高等教育出版社,2005年版,第109页。
[2] Lorenzo Mario Belotti, "Economic Structure and Economic Development", *The American Journal of Economics and Sociology*, Vol. 20, No. 1, 1960, pp. 73–80.

在资源配置中日益发挥决定性作用和更好发挥政府作用。"①《中共中央关于进一步全面深化改革 推进中国式现代化的决定》提出："聚焦构建高水平社会主义市场经济体制，充分发挥市场在资源配置中的决定性作用，更好发挥政府作用。"② 而在人口、资源和技术的结构性关系上，中国充分利用了自身的比较优势，推动了经济增长。

虽然中国取得了一系列举世瞩目的发展成就，但是其经济仍然存在"结构性弱点"。2006 年发布的《中华人民共和国国民经济和社会发展第十一个五年规划纲要》明确指出，中国存在"经济结构不合理""科技自主创新能力不强""影响发展的体制机制障碍亟待解决"等情况。③ 2015 年 11 月 10 日，中央财经领导小组第十一次会议召开，针对我国经济发展中存在的问题，习近平总书记提出，要"着力加强供给侧结构性改革"④。核心目标在于调整经济结构、优化资源配置、扩大有效供给、满足人民需要。主要策略是"三去一降一补"（去产能、去库存、去杠杆、降成本和补短板）和科技强国建设。某种程度上，前者是"破旧"，即使经济发展更加符合市场规律，提升经济发展的质量和数量；后者是"立新"，即把科技作为第一生产力，提高自主创新能力，实现创新驱动型发

---

① 《中共中央关于全面深化改革若干重大问题的决定》，载《人民日报》，2013 年 11 月 16 日，第 1 版。
② 《中共中央关于进一步全面深化改革 推进中国式现代化的决定》，载《人民日报》，2024 年 7 月 22 日，第 1 版。
③ 《中华人民共和国国民经济和社会发展第十一个五年规划纲要》，载《人民日报》，2006 年 3 月 17 日，第 1 版。
④ 《全面贯彻党的十八届五中全会精神 落实发展理念推进经济结构性改革》，载《人民日报》，2015 年 11 月 11 日，第 1 版。

展。① 它们既表明了未来中国经济社会发展的努力方向，也突出表现了中国经济的结构性问题。党的二十大报告指出："发展不平衡不充分问题仍然突出，推进高质量发展还有许多卡点瓶颈，科技创新能力还不强。"②

中国经济结构方面的问题给中国海外利益的拓展和维护带来了一定困扰。一方面，中国的总体创新能力在提升，世界知识产权组织发布的《2021年全球创新指数报告》显示，中国从2012年的第34位上升到2021年的第12位，10年间上升22位③，2022年又升至第11位，"连续十年稳步提升，在36个中高收入经济体中位列第一"④。但另一方面，中国在单位国内生产总值能耗指标上还有提升空间，因此，2024年《政府工作报告》提出的当年发展主要预期目标之一是"单位国内生产总值能耗降低2.5%左右，生态环境质量持续改善"⑤。在国际需求疲弱、内部需求饱和的情况下，企业要实现海外市场份额的拓展，存在一定难度。目前，一些中国企业仍缺乏海外生存能力和增值经验，面对新环境、新形势、新挑战，市场开拓成效有限。而一个企业的战略眼光和选择能力与其利益的安全状态紧密关联。据此，金鑫指出，中国企业要苦练内功，强健身体。⑥ 这些也对中国经济结构转型升级提出了新要求。

---

① 郎帅：《大国领导世界：是权利还是责任？》，载《领导科学》，2017年第4期。
② 习近平：《高举中国特色社会主义伟大旗帜 为全面建设社会主义现代化国家而团结奋斗——在中国共产党第二十次全国代表大会上的报告》，载《人民日报》，2022年10月26日，第1版。
③ 《全球创新指数排名十年间上升二十二位》，新华社北京2022年8月31日电。
④ 操秀英：《全球创新指数：中国排名升至第11位》，载《科技日报》，2022年9月30日，第1版。
⑤ 李强：《政府工作报告——二〇二四年三月五日在第十四届全国人民代表大会第二次会议上》，载《人民日报》，2024年3月13日，第1版。
⑥ 金鑫：《依托"一带一路"形成大开放格局》，载《参考消息》，2018年6月5日，第11版。

二、军事维护上的力量性制约

战略学认为，国家利益是国家军事力量的根本指向。作为一个国家全体国民利益的综合呈现，国家利益"最为明确地回答了国家军事行为的目的究竟要维护或获取什么，以及为什么要维护和获取它们"[1]。对于国家的生存而言，主权独立、领土完整、国家统一、国家安全，以及社会政治制度稳定等格外重要，是其军事力量维护的首要目标。除了生存利益外，国家还拥有发展利益。发展是一国国家主权中蕴涵的必然权利，既包括在国内的发展权利，也包括在国际上的发展权利。在全球化和相互依存逐渐加深的时代，国际发展权对于国家的战略价值愈发凸显。"国家利益所在即国家安全边界之所在"[2]，作为维护国家利益的终极手段，军事力量也要适应国际利益发展的需要，强化自身的海外行动能力。

在中国国家核心利益的维护上，中国建立起了比较强大的国防力量。2015年11月24日至26日，中央军委改革工作会议在北京召开，强调"以党在新形势下的强军目标为引领，贯彻新形势下军事战略方针，全面实施改革强军战略，着力解决制约国防和军队建设的体制性障碍、结构性矛盾、政策性问题"[3]，因此，要实现领导掌握部队和高效指挥部队有机统一，形成军委管总、战区主战、军种主建的格局，进一步强大中国军队，完善中国特色社会主义军事制度。

伴随着中国国防现代化的推进，中国保障自身安全的能力不断提升。

---

[1] 军事科学院战略研究部：《战略学》，北京：军事科学出版社，2001年版，第45—46页。
[2] 张文木：《世界地缘政治中的中国国家安全利益分析》，北京：中国社会科学出版社，2012年版，第255页。
[3] 习近平：《习近平谈治国理政》（第二卷），北京：外文出版社，2017年版，第407页。

但在海外利益维护方面，中国的海外军事行动能力尚显薄弱。第二章中已经提及，中国军队的海外维权活动主要体现在维和、撤侨、护航、搜救及基地建设等方面。在海外军事实力的运用上，中国已经迈出了第一步。但在国家核心利益和海外利益的维护上，中国的军力运用存在力量性制约。新的形势、新的问题对国家军事力量提出了新的要求，国家海外利益在深度和广度上的拓展为国家军事战略的调整提供了空间。[①] 由于中国军事战略长期服从、服务于经济部署，军事力量对国家利益的支撑作用发挥不够，应对和冲破战略围堵的能力未有大的提升。[②] 首先，总体来看，中国缺乏与自身实力和地位相匹配的海外军事投送能力。中国既需要加强投送所需的基本能力构成，包括兵种配合、情报搜集、技术装备、后勤补给水平等，也需要积累投送的经验，包括处理突发事件的经验、海外作战经验等。其次，现有海外军事实力的运用方面，存在"安全问题频发与海外军事支援受限的'力量困境'"[③]。最后，中国海外军事力量的运用多为区域性的，没有形成网络。

三、对外交往中的原则性制约

国家外交是围绕着国家利益展开的。美国学者约翰·罗尔克（John T. Rourke）认为，"国家外交就是一个国家试图通过运用实力资源去劝说别国让步以增进本国利益的过程"[④]。外交不是随意进行的，需要遵循

[①] 阎晓强、李涛：《中国海外利益的维护与军事战略的选择》，载《吉林广播电视大学学报》，2017年第10期。
[②] 门洪华编：《中国战略十二讲》，北京：中国社会科学出版社，2021年版，第109页。
[③] 凌胜利：《中国周边地区海外利益维护探讨》，载《国际展望》，2018年第1期。
[④] 约翰·罗尔克著，宋伟等译：《世界舞台上的国际政治》（第9版），北京：北京大学出版社，2005年版，第357—358页。

一定的原则。美国历史上第一位黑人国务卿科林·鲍威尔（Colin L. Powell）指出，外交工作受三项原则支配：第一，权力是外交政策获得成功的一个必要条件而非充分条件；第二，当更多技艺娴熟的同行与你保持一致而不是反对你时，政策更容易取得成功；第三，在外交中适可而止的成功是最有利的。[1] 一国的外交原则既为该国的行为设定了限制，表明了活动空间和范围，向其外交机构和外交官们明确了以何种方式行事是最符合本国利益的，也为目标国预判该国的意图和行为提供了指南，方便了国家之间的往来。一般来看，国家之间建立友好关系往往是在双方对彼此的外交原则基本认可的情况下实现的。

新中国成立后，逐步向外界郑重声明了我国的对外交往原则。毛泽东、周恩来在多种场合都作出了明确表述。和平共处五项原则简明扼要地向世界其他国家传达了中国的核心关注和利益诉求，是中国处理国家间关系的基本原则，包括互相尊重主权和领土完整、互不侵犯、互不干涉内政、平等互利、和平共处五项内容，具有"策时""策论""策体""策应""策术""策变"的战略张力，界定了世界和平与发展的全球性准则，是构建国际新格局的原则起点。[2] 它为中国赢得了丰厚的外交红利，在和平共处五项原则基础上，中国与世界上更多国家发展了良好关系，国家安全环境因此大幅改善，地区和国际影响力日益提升。

2011 年，面对国际形势变化及维护海外利益的需要，"创造性介入"的概念被引入研究中，意指"通过新颖的方式，参与、加入、切入、卷

---

[1] Colin L. Powell, "The Craft of Diplomacy", *The Wilson Quarterly*, Vol. 28, No. 3, 1976, pp. 60-67.

[2] 王家福：《世界六强国盛衰战略观》，长春：吉林人民出版社，1998 年版，第 52—53 页。

入到相关国际事务当中,最终维护中国的国家利益"①,讲的是一种新的积极态度,即在21世纪第二个十年到来之际,中国对国际事务要有更多参与的意识和手法。王逸舟结合中非关系所作的阐释是,"这一切均可归纳到新的建设性参与、创造性介入、合作性接触的范畴,是对中国一向坚持的不干涉原则的提升与丰富"②。2016年全国两会期间,中国外交部长王毅答中外记者问时表示,中国将深化与世界各国的互利合作,这包括"建设性参与国际地区热点问题的政治解决"③。2018年全国两会期间,王毅再次强调了中国外交的"和平性、合法性、建设性"要义,表示坚持不干涉内政原则。2023年4月14日,习近平主席在同巴西总统卢拉会谈时就乌克兰问题交换了意见,双方一致"呼吁更多国家为推动乌克兰危机政治解决发挥建设性作用,决定就此保持沟通"④。同年11月21日,在金砖国家领导人巴以问题特别视频峰会上,习近平主席表示:"中方呼吁尽快召开更具权威性的国际和会,凝聚国际促和共识,推动巴勒斯坦问题早日得到全面、公正、持久解决。"⑤

总而言之,在以习近平同志为核心的党中央领导下,中国根据形势变化对自身重大外交原则进行检视,开展一系列的外交理论和实践创新,以服务不断拓展的海外利益。

---

① 王逸舟:《创造性介入——中国外交新取向》,北京:北京大学出版社,2011年版,第9—10页。
② 王逸舟:《发展适应新情况的不干涉内政学说》,载《非洲研究》,2013年第1卷。
③ 《王毅就中国外交政策和对外关系回答中外记者提问》,http://news.xinhuanet.com/politics/2016lh/2016-03/08/c_1118270268_3.htm。
④ 郑明达:《习近平同巴西总统卢拉举行会谈》,载《人民日报》,2023年4月15日,第1版。
⑤ 习近平:《推动停火止战 实现持久和平安全——在金砖国家领导人巴以问题特别视频峰会上的讲话》,载《人民日报》,2023年11月22日,第2版。

第二节　中国海外利益维护面临的外部风险

海外利益远在国门之外，这有两方面的蕴涵：一是表明了海外利益的存在方位，它不处于本国境内；二是透露出海外利益面临的风险主要来自外部。海外利益维护的困境之一即海外利益与其面临的风险"两头在外"，难以管控。

一、全球层面的形势变化

中国海外利益拓展与海外利益维护以全球化发展为历史大背景。全球层面的形势变化决定了中国海外利益维护的总体外部条件。英国学者赫尔德（David Held）等认为，"全球化代表了一种历史进程，体现了'国际社会的结构性变动'"[1]。全球化搭建起了大洲之间、地区之间、国家之间、社会之间，乃至个人之间的关系网络，促进了商品、服务、资本和思想观念的跨国流动。全球化构建起的经济、政治、文化网络具有"双向"传导功能，既有积极的一面，也有消极的一面，即通常人们所说的"双刃剑"效应。从积极层面来看，全球化打破了各大洲、各地区、各国之间的地理边界，形成了更加快速的商品流、资本流和观念流，有利于资源的优化配置，方便世界各国及其人民进行交流，各取所需；从消极层面来看，全球化在把世界融为一体的同时，客观上也为负能量的传播提供了渠道，这集中而突出地表现在非传统安全领域。非传统安全呈现了安全现实和安全理论的变化和拓展，是存在于军事、政治领域之外的经济、社会、

---

[1] David Held, Anthony McGrew and David Goldblatt et al. "Globalization", *Global Governance*, Vol. 5, No. 4, 1999, pp. 483–496.

文化、环境、生态、信息等更广泛领域的生存性威胁。① 这些威胁在时空中相互交织、相互依存，给各个国家的思维和行为带来挑战。

首先，中国海外利益维护面临全球经济形势变化带来的威胁。经济是全球化的主要推动力；不谈经济，全球化的本质和形式就无从谈起。② 当前，全球经济形势不容乐观，中国海外经济利益维护面临挑战。2008年国际金融危机造成全球性经济衰退，危机从美国向其他发达经济体、新兴经济体、发展中国家传播，暴露了各国在经济结构上存在的多重问题。之后，经过长期努力，全球经济实现缓慢复苏，但至今依然脆弱。世界主要经济体改革效率低下，在停滞、降速、低增长的怪圈循环。美国作为世界第一经济大国，提振经济的表现乏力。美联储推行了四轮量化宽松政策后出台加息举措，进一步加剧了全球资本市场的波动。日本政府为恢复经济推行的"安倍经济学"也不算成功，采取的经济刺激措施收效甚微，通货膨胀率长时间处于低端水平。欧盟也表现欠佳，在主权债务危机、欧元危机、难民危机、英国"脱欧"等的冲击下，欧盟成员国的经济改革步伐正在放缓，经济走低的势头逐渐显现。金砖国家的经济发展也遭遇了诸多障碍。③ 2023年12月11日至12日召开的中央经济工作会议指出，"外部环境的复杂性、严峻性、不确定性上升"④。

其次，中国海外利益维护面临全球安全形势变化带来的挑战。这主要体现在恐怖主义的全球蔓延上。相较于过去的一个世纪，恐怖主义事件在

---

① 余潇枫：《非传统安全概论》（第2版），北京：北京大学出版社，2015年版，第45页。
② 戴维·赫尔德、安东尼·麦克格鲁著，曹荣湘、龙虎等译：《治理全球化——权力、权威与全球治理》，北京：社会科学文献出版社，2004年版，第3页。
③ 郎咸：《大国领导世界：是权利还是责任？》，载《领导科学》，2017年第4期。
④ 姚大伟：《中央经济工作会议在北京举行》，载《人民日报》，2023年12月13日，第1版。

爆发规模、持续时间和破坏程度上均有所加强。自2001年"9·11"事件震惊世界以来，恐怖主义全球化进程加速，当前，恐怖主义的发展呈现出去中心化、多元化、网络化的趋势。①有研究指出，19世纪80年代以来，全球共出现四次恐怖主义浪潮，"第四波浪潮具有鲜明的反世俗、反现代和反西方的特征"②。网络时代为恐怖主义的发展提供了新工具，网络成为其宣传思想、招募人员、筹集资金、策划行动的新平台。"受新冠肺炎疫情、阿富汗撤军和俄乌冲突等影响，网络恐怖主义不断发生演化，各国面临的网络恐怖主义风险加剧、治理难度增加。"③恐怖主义的这些发展严重威胁了中国驻外机构、企业和人员的安全。

再次，中国海外利益维护还面临着反全球化（Anti-Globalization）和逆全球化（Reverse Globalization）力量的困扰。在全球化成为时代潮流之后，反全球化也逐渐成为一种"全球潮流"。全球化日益扩大的范围及其"不均衡"的特性催生出一种"反霸权阻力"（Counter-Hegemonic Resistance）和政治反对运动，以抗议全球化排他性的实践和对人民呼声的忽视。④自20世纪末开始，几乎哪里有推动全球化的声音，哪里就会同时存在反全球化的声音。反全球化群体呈现出多元化的特征，主要是"自下而上"的，由那些受全球化非均衡发展影响的人们组成，这些群体既

---

① 张家栋：《"9·11"十五年——恐怖主义成为"新常态"，谁之罪？》，http://www.thepaper.cn/newsDetail_forward_1527141。
② 武兵科：《国际体系变迁、理性国家建设与恐怖主义浪潮的兴衰》，载《国际观察》，2023年第1期。
③ 李梦琦、韩娜：《网络恐怖主义的演化特征与国际治理转向》，载《中国信息安全》，2022年第9期。
④ E. Osei Kwadwo Prempeh, "Anti-Globalization Forces, the Politics of Resistance, and Africa: Promises and Perils", *Journal of Black Studies*, Vol. 34, No. 4, 2004, pp. 580-598.

有来自发达国家的，也有来自发展中国家的。他们在全球化过程中日益被边缘化，生存条件日益恶化。此外，近些年来，逆全球化也逐渐成为一种常态现象。中国海外利益的大规模增长得益于全球化，而逆全球化则对中国海外利益的维护和拓展构成不利影响。如美国对中国发起"贸易战"，自2018年起对中国部分产品加征关税，并禁止一些中国企业购买相关的美国设备和零部件，限制中国企业赴美投资，试图通过"脱钩断链"迟滞甚至中断中国发展进程。[①] 2021年拜登就任美国总统后，"以'新华盛顿共识'为基本原则，具有'精准脱钩'和强化'友盟经济'的特征，以建立'小院高墙'科技发展保护体系和关键产品供应链'去中国化'为施政重点"[②]。美国作为曾经全球化的"旗手"，而今却成了逆全球化的"旗手"，这一角色转变使中国海外利益的安全环境恶化。

二、地区层面的局势紧张

中国海外利益的分布具有全球性，但主要是以"地区"为代表的。这里所指的"地区"并非单纯意义上的邻近地区，而是特指"大周边"的概念。陈向阳认为，"中国周边"包括三个层次：第一个层次是指与中国在领土或水域上直接接壤的邻国；第二个层次是指这些邻国所在的东北亚、东南亚、南亚与中亚四个区域；第三个层次就是"大周边"，即从上述四个地区向外延伸扩展，西可至里海、波斯湾一线的中东地区，东可至南太平洋地区。[③] "大周边"既包含中国的近邻，也包含与中国国家利益

---

① 21世纪经济报道：《"脱钩断链"不可取，合作共赢才是大势所趋》，载《21财经》，2023年2月9日，第1版。
② 孙天昊：《拜登政府对华经济安全战略论析》，载《当代美国评论》，2023年第3期。
③ 陆忠伟等：《解读中国大周边》，载《世界知识》，2004年第24期。

有重要关系的国家和地区。这种判定以国家的发展成长和国家利益的延伸为主要参考标准，超出了地理边界的限制，关注到了中国不断发展的现实，表明了中国国际活动空间的扩大，突出了外部世界对我国日益提升的价值。某种意义上，"中国周边"的概念不再是静态的，而是处于不断变化之中，具有动静结合的特性。

中国海外利益以我国为中心向四周辐射，覆盖了中国的"大周边"。一直以来，北美、西欧、日本等地区和国家是中国商品和对外投资的目标市场。2015年，中国第一次成为美国最大的贸易伙伴。近年来虽有变化，但中美仍为彼此主要的贸易对象，"两国贸易自建交以来增长了200多倍，双边贸易额约占世界五分之一"①。2016年，中国取代美国成为德国最大的贸易伙伴，到2023年，中国连续八年成为德国最重要贸易伙伴。2020年，中国首次超越美国成为欧盟最大贸易伙伴。日本长期处于中国贸易伙伴前五名。中国对外直接投资中的很大部分流向了欧美发达国家。商务部、国家统计局和国家外汇管理局联合发布的《2022年度中国对外直接投资统计公报》显示，"2022年末，中国在发达经济体的直接投资存量为2983.1亿美元，占10.8%。其中欧盟1011.9亿美元，占发达经济体投资存量的33.9%；美国791.7亿美元，占26.5%"②。中国同新兴经济体以及东盟、韩国等周边贸易伙伴的往来也在快速增加。中国同东盟国家有着长期稳定的经济合作关系，多年互为彼此的第一大贸易伙伴。中韩

---

① 张娜：《中美经济关系展现出积极态势——访中央党校（国家行政学院）党建部教授强舸》，载《中国经济时报》，2024年4月8日，第1版。

② 中华人民共和国商务部、国家统计局、国家外汇管理局编：《2022年度中国对外直接投资统计公报》，北京：中国商务出版社，2023年版，第22页。

贸易额曾一度有超越中日贸易额之势，2023 年，韩国是中国第三大贸易伙伴。中国的石油、天然气等海外能源利益集中在亚非拉的一些国家和地区，其中，中东、中亚、北非、俄罗斯等对中国具有突出的意义。中国的海外公民遍布全球，以在亚洲和非洲的数量最多。自 2013 年共建"一带一路"倡议提出后，东北亚、东南亚、西亚、中亚、中东欧等地区对中国海外利益的重要性日益提升。

中国海外利益的分布大部分涉及不稳定的地域。① 2008 年以来，中国"大周边"的政治安全形势不断恶化。这不仅干扰了中国海外利益的拓展，也增加了对其进行维护的难度。具体来看，中国海外利益较为密集的中东、中亚、西亚、北非、东亚，以及东欧等地区的安全形势都十分紧张。中东局势起伏不定，巴以冲突、伊拉克战争、叙利亚危机，以及恐怖主义的蔓延等，加剧了该地区动荡局面；阿拉伯世界政治风波不断，突尼斯、埃及、利比亚、也门、巴林等国经历政变后，国内分裂严重；② 苏丹的内战、苏丹与南苏丹的冲突，推高了两国政策法律调整的概率；索马里国家动乱导致政府垮台，致使亚丁湾、索马里海域秩序失控、海盗盛行，严重威胁了过往船只的安全；中亚、东欧诸多国家发生"颜色革命"后，乌克兰危机的爆发引发了地缘政治和地缘经济的双重风险；美国实施亚太"再平衡"战略后，又抛出"印太战略"的概念，构建新同盟关系，增加军费开支，插手南海问题，增加了中美摩擦的可能性；南海争端给中国的

---

① 郎帅、辛璐璐:《"一带一路"建设与中国海外利益维护:难点、要点和重点》，载《理论月刊》，2018 年第 6 期。
② 《王毅谈"阿拉伯之春"5 周年:变革必须符合当地国情》，http://news.ifeng.com/a/20160514/48771465_0.shtml。

能源安全带来一定隐患，促使中国对自身的能源进口政策进行调整。①

2023年12月1日，和平与发展研究中心举行"2023年国际形势回顾与展望"研讨会，与会专家学者一致认为，新冠疫情"后遗症"、地区冲突和大国竞争加剧，按下了国际地区格局变化的快进键，令世界更加分化和彷徨。② 2024年1月24日，中国人民大学国家安全研究院与中海安集团联合发布的《中国海外安全风险蓝皮书（2024）》预测，2024年全球安全形势将呈现多个趋势，包括地缘政治博弈回归、局部地区冲突持续、全球经济增长放缓、大国竞争向海域蔓延、热点国家安全风险上升等。③ 所有这些在一定程度上分散了中国海外利益维护的资源，限制了相关举措效能的发挥。

三、国家层面的情势变换

中国海外利益有些处于对象国的领土范围之内。对象国国内的重大变化会对中国海外利益的安全状态产生直接影响。中国海外利益维护不可避免地需要在考量对象国客观实际的基础上制定方案、寻求对策。进入21世纪以来，中国海外利益所在的很多国家都经历了风云突变。当然，国家层面的消极变化与全球和地区层面的形势恶化紧密相关——既为后两者所左右，又对后两者具有激化作用。很多国家内部的问题是受到外部问题的"传染"，如地区和全球经济危机的蔓延、大流行病的传播、恐怖主义的

---

① Ole Odgaard and Jørgen Delman, "China's Energy Security and Its Challenges Towards 2035", *Energy Policy*, Vol. 71, 2014, pp. 107–117.
② 高飞等：《2023年国际形势回顾与展望》，载《和平与发展》，2024年第1期，第1—83、210—216页。
③ 赵觉珵：《最新报告：美国大选是中国2024年需重点关注的海外风险之一》，载《环球时报》，2024年1月24日。

扩张、"颜色革命"的爆发等；一些国家内部形势的恶化也给地区带来了负面影响，如核危机引发的地区震动、国内战争造成的地区动乱、国家政权更迭产生的连锁反应等。大多数情况下，国内危机与地区和全球危机之间的界限已经模糊，它们相互之间或为单向流动，或为双向流动，或为多向流动。所有这些都对中国海外利益造成了多维度的威胁，或表现为爆发战争，或表现为政策法规变动，或表现为利益拓展渠道受损。

国家情势变换易导致国内战争。进入21世纪，"青年失业、社会经济不平等、官员腐败乃至'技术人口'的增加"[①]，致使西亚、北非、中亚一些国家的反政府运动此起彼伏，局势持续动荡，有的甚至演化为内战。内战全方位地危及一国的政治社会稳定、经济发展和公民安全，亦使身处该国的外国企业和公民受到威胁。例如，自20世纪就持续不断的苏丹内战使其国内200多万人丧生，造成几百万人流离失所。最终，苏丹分裂为苏丹和南苏丹两个国家。"苏丹危机严重威胁了中国的海外能源利益。"[②] 2011年，利比亚内战爆发，中国与该国的进出口贸易停滞，中国公民的人身财产安全面临危险。中国企业的损失尤为严重，在利比亚内战之前，共有75家中国企业在该国承建了50个工程项目，涉及金额188亿美元。[③]

国家情势变换通常还会导致国家政策法规变更。在空间存在上，如果

[①] Steve Hess, "From the Arab Spring to the Chinese Winter: The Institutional Sources of Authoritarian Vulnerability and Resilience in Egypt, Tunisia, and China", *International Political Science Review/Revue Internationale de Science Politique*, Vol. 34, No. 3, 2013, pp. 254-272.

[②] 吴强：《苏丹危机挑战中国海外石油利益》，载《南风窗》，2004年第18期，第23—25页。

[③] 王金岩：《利比亚僵局令中国企业遭受五大损失》，载《华夏时报》，2011年5月2日，第32版。

中国海外利益处于东道国境内，相对于中国，东道国政府占据一定的主动权，掌握着制定各种政策和法规的权力，这在实际上增加了中国海外利益规避风险的难度。一般来看，当一国政权发生更迭或新领导人上台后，新政府往往会对其国策方针进行调整。2011年7月9日，南苏丹共和国成立，原先的反对派成为执政者，中国由以往只同苏丹一国政府交往变为了与两个国家打交道。在与石油相关的海外利益上，南苏丹政府官员表示，如果中国不与他们的国家利益保持一致，他们将寻求与美国和西方的石油公司合作。① 而在委内瑞拉，查韦斯政府曾强行将石油产业国有化，这给包括中国在内的多国跨国公司造成了损失。因此，在"外来者"和"后来者"双重劣势情境下，中国跨国企业如何通过"构建"机会的方式激活被锁定的海外市场，成为学界和业界关注的焦点话题。②

国家情势变换的新形态是脱离一体化进程。美国学者本杰明·巴伯（Benjamin R. Barber）认为，当今世界是分裂力量与一体化力量并存的世界，它一方面在急剧地走向分裂，另一方面又勉强地融为一体。③ 在全球化推进地区一体化的过程中，也存在着逆向发展的力量。典型的例子是英国"脱欧"。英国一直是中国在欧洲的主要贸易伙伴之一，近些年，中英关系不断向前推进，经贸往来、人员流动、文化交流日渐频繁。英国被视为中国进入欧盟统一大市场的重要通道之一。英国"脱欧"给中国在欧

---

① Sudarsan Raghavan and Andrew Higgins,"China in a Tug of War Between Two Sudans", https://www.washingtonpost.com/world/africa/china-in-a-tug-of-war-between-two-sudans/2012/03/07/gIQAQUUrWS_story.html?utm_term=.0d9fed0a41b0.

② 张超敏、张双才：《"双重劣势"情境下中国企业如何在海外新兴市场构建机会——基于网络理论的纵向案例研究》，载《河北大学学报（哲学社会科学版）》，2022年第5期，第139—152页。

③ Benjamin R. Barber, *Jihad vs. McWorld: How Globalism and Tribalism are Reshaping the World*, New York: Balantine Books, Inc., 1996.

洲市场的利益拓展和维护带来许多新情况、新问题。

四、社会层面的文化差异

当今世界既是一个由不同"物质"构成的世界，也是由不同"文化"构成的世界。美国学者塞缪尔·亨廷顿（Samuel P. Huntington）认为，冷战结束后，新世界的冲突根源既不是意识形态的，也不是经济的。人类之间的巨大分歧及其来源将是文化上的。全球政治的主要冲突将在拥有不同文明的国家和群体之间展开，文明的冲突将主导全球政治。在他看来，文明是由诸如共同的语言、共同的历史、共同的宗教等客观元素和主观上的身份认同一起界定的。左右当今世界格局的文明包括七种或八种——中华文明、日本文明、印度文明、伊斯兰文明、西方文明、东正教文明、拉美文明，或许还有非洲文明。[1] 它们之间的冲突将会成为后冷战时代的主流范式，描绘出新世界的版图。[2] 具体来看，冲突的原因包括以下六个方面：第一，各文明之间的差异不但是真实的，而且是基本的；第二，世界日益缩小；第三，世界范围内的经济现代化和社会变革进程正在把人们从长期存在的地方认同中分离；第四，在西方的双重作用下，文明意识的增长势头得到了加强；第五，文化的特性和差异相对难以改变；第六，经济区域主义的兴起。[3]

中国海外利益全球拓展的过程也是中华文明和中国文化全球拓展的过

---

[1] 塞缪尔·亨廷顿著，周琪、张立平等译：《文明的冲突与世界秩序的重建》，北京：新华出版社，2010年版。

[2] Samuel P. Huntington, "If Not Civilizations, What? Paradigms of the Post-Cold War World", *Foreign Affairs*, Vol. 72, No. 5, 1993, pp. 186-194.

[3] Samuel P. Huntington, "The Clash of Civilizations?", *Foreign Affairs*, Vol. 72, No. 3, 1993, pp. 22-49.

程。中外文化之间的差异是客观存在的。它们之间的频繁互动增加了彼此摩擦的概率。其主要表现有三种：第一，种族歧视和海外排华情绪。在一些国家中，中国人受到不公平对待，难以获得与当地人同等的政治、经济、社会地位。另有一些国家的部分人认为，中国的发展对其本国的利益造成了损害，他们因此排斥甚至仇视中国人。第二，商业经营理念和企业文化的差异。中国企业走出国门，在管理方式、营销理念上与东道国或者其他跨国公司存在很多不同之处，在企业文化上，中国企业也有自己的特点，具有浓重的东方传统。有些时候，这可能会与当地企业文化发生冲突。第三，宗教信仰和风俗习惯的差别。基督教、伊斯兰教和佛教是当今世界的三大宗教，它们有着复杂的分支和教派。中国企业和公民如果缺乏相关的知识储备，不了解各派信徒的信仰，容易与其产生摩擦。同时，中国人在风俗和生活习惯上不同于当地人，也较易引发与当地人的纠纷。所有这些都给中国海外利益的拓展和维护带来了一定的挑战。

第三节　中国海外利益维护面临的国际竞争

维护中国海外利益还需要处理与其他利益相关者的关系。相较于发达国家，中国是海外利益拓展的后来者；相较于新兴经济体，中国既是伙伴，也面临一些趋同性竞争。

一、传统大国的竞争

"走出去"实施后，中国海外利益要获得"生的权利"，最大限度地实现拓展和维护，首先需要应对的便是来自既得利益者——传统大国的竞争。

在经济学上，美国学者利伯曼（Marvin B. Lieberman）和蒙哥马利（David B. Montgomery）提出了"先发优势"的概念，意指开创性企业赚取积极性的经济利润，即收益超过资本成本的能力。凭借于此，先行企业可以在技术上占据领先地位，首先抢占稀缺资源，并为顾客创造出转换成本。[1] 在握有先发优势的情势下，它们不仅会在机会可得性、技术先进性、资本拥有量、客户忠诚度，以及收益方面超出后来者，"而且也可能优先发展出对产品和服务至关重要的一系列组织的能力"[2]。关于先发优势的这些思考同样适用于国际政治领域。

当代国际政治经济体系是由西方特别是美国主导的。在二战期间，美国总统罗斯福（Franklin D. Roosevelt）就开始了对战后世界蓝图的规划。政治上，他吸取了"国联"的教训，希望以"四警察"来管理世界。"四警察"指中、美、英、苏四国，四国是第二次世界大战期间的盟友，罗斯福的设计是由它们充当世界"警察"或"警长"，组成执行部门，维护世界和平。[3] 这构成了后来联合国安理会的雏形。经济上，1944年7月，布雷顿森林会议召开，建立了以美元为中心的布雷顿森林体系，美元与黄金挂钩，各国货币与美元挂钩。另外，会议决定，成立国际货币基金组织和国际复兴开发银行两大金融机构，管理世界的金融和经济事务。其中，

---

[1] Marvin B. Lieberman and David B. Montgomery, "First-Mover Advantages", *Strategic Management Journal*, Vol. 9, Issue S1, 1988, pp. 41–58.

[2] Marvin B. Lieberman and David B. Montgomery, "First-Mover (Dis) Advantages: Retrospective and Link with the Resource-Based View", *Strategic Management Journal*, Vol. 19, Issue 12, 1998, pp. 1111–1125.

[3] Townsend Hoopes and Douglas G. Brinkley, *FDR and the Creation of the U. N.*, New Haven: Yale University Press, 1997, p. 100.

国际复兴开发银行是世界银行的前身，它们与之后的关贸总协定，即世界贸易组织一道，成为国际经济体系的三大支柱。这些重要的国际政治经济组织都是由西方大国发起组建的，其在话语权和投票权上长期居于领导地位。西方国家特别是美国在重要国际组织构建上的主导地位，为其赢得了丰厚的政治经济红利。它们设置了进入相关领域的门槛，制定了准入规则和游戏规则。相对于国际关系中的后来者，西方大国拥有决定性的权力。正因如此，维持和保护这些权力对它们而言十分重要。这既是它们的利益所在，也是它们获得其他利益的关键。

然而，正如经济学上的先发优势是相对的一样，国际政治中的先发优势也是相对的，后来者拥有后发优势。经济上，后发企业可以借助先行者研发出的技术和设备，利用它们开拓出的成熟市场，并规避一些业已显露的风险，实现更充分的发展。同理，西方国家建立起的国际政治经济秩序也可以为后发国家所享用。作为理性行为体，后发国家不必为这些公共物品承担成本，它们可以选择"搭便车"的策略。美国学者奥尔森（Mancur Olson）认为，领导国在自身收益较大的情况下，会容忍这种行为。[1] 也就是说，领导国既要确保自己的领导权力，也要确保收益的数量。一旦它认为这二者之一受到了威胁，就会采取惩罚性的行为。

近年来，中国的发展为世界所瞩目。中国对外贸易领域政策和对外经济关系的变化在全世界引发关注。[2] 以此为基础，综合国力的提升既表现为军事、经济等硬实力的增长，也表现为国际影响力等软实力的增加。外

---

[1] 曼瑟·奥尔森著,陈郁等译:《集体行动的逻辑》,上海:上海人民出版社,1995年版。
[2] Terry Cannon, "China's 'Open Door'", *Third World Quarterly*, Vol. 6, No. 3, 1984, pp. 717-732.

交方面，中国在外交任务的保有量上已稳居世界第二位，仅次于美国；在联合国、国际货币基金组织等国际组织中，中国的话语权和影响力不断强化。可以说，中国的持续发展是在西方国家主导的国际秩序和国际体系下实现的。2013年5月，时任总理李克强在印度访问时发表了题为《跨越喜马拉雅山的握手》的署名文章，明确提及，"中国是现行国际秩序和国际体系的受益者和维护者"①。现行国际秩序为中国的经济建设、对外交流创造了比较和平稳定的外部条件。特别是中国的经济利益与当前全球的经济体系高度一致。②自中国加入世界贸易组织后，中国的进出口贸易增速迅猛，不断实现新突破。党的十九大报告指出，中国"始终做世界和平的建设者、全球发展的贡献者、国际秩序的维护者"③。

中国的发展引发了西方大国的担忧，担心自身的领导地位和既得利益受到损害。中国海外利益的全球拓展正面临着传统大国日益增多的竞争和限制。这包括以下几个方面：

第一，美国为维护其全球领导地位排斥中国。奥巴马在西点军校演讲时表示，"美国要再领导世界一个世纪"④。他任内发布的《国家安全战略报告》(*The National Security Strategy*) 指出，现在的问题从来都不是美国

---

① 李克强：《跨越喜马拉雅山的握手》，http://news.xinhuanet.com/mrdx/2013-05/21/c_132396095.htm。

② G. John Ikenberry, "The Rise of China and the Future of the West: Can the Liberal System Survive?", *Foreign Affairs*, Vol. 87, No. 1, 2008, pp. 23-37.

③ 习近平：《决胜全面建成小康社会 夺取新时代中国特色社会主义伟大胜利——在中国共产党第十九次全国代表大会上的报告》，载《人民日报》，2017年10月28日，第1版。

④ U.S. Department of State, "President Obama's Commencement Address at West Point", http://translations.state.gov/st/english/texttrans/2014/05/20140528300220.html#axzz3G747ol1m.

"是否应该"领导，而是美国"如何进行"领导。① 美国视中国为现有国际秩序和国际体系的挑战国，中美关系越来越多地被看作是"崛起国"和"守成国"之间的关系。有观点认为，中美之间存在"结构性矛盾"②。中美两国是合作伙伴，但也存在着竞争。为遏制中国，美国从2010年开始宣布"重返亚太"，不断强化与盟友的关系，并积极促成跨太平洋伙伴关系协定（TPP），在安全和发展两个维度上对中国形成制约。特朗普虽然宣布放弃跨太平洋伙伴关系协定，但主张对中国实行更加严厉的贸易政策。2017年美国《国家安全战略报告》和2018年美国《国家防务战略报告》均明确将中国列为战略竞争对手。③ 自2018年以来，中美在贸易问题、科技问题、南海问题上的摩擦日益增多。拜登政府对华构筑"小院高墙"，采取"去风险化"举措。拜登签署的《国家安全战略报告》提出："中国是唯一既有意图重塑国际秩序，而且越来越多地拥有经济、外交、军事和技术力量来实现这一目标的竞争者。"④ 中美战略竞争是在中国快速发展与美国试图维持其霸权地位的大背景下产生的，在利益目标上具有重大性，在时间上具有长期性，在范围上具有全面性，在影响上具有全局性。⑤

---

① The White House, "National Security Strategy", https://obamawhitehouse.archives.gov/sites/default/files/strategy_2.pdf.
② John J. Mearsheimer, "Can China Rise Peacefully?", http://nationalinterest.org/commentary/can-china-rise-peacefully-10204.
③ The White House, "National Security Strategy of the United States of America", https://trumpwhitehouse.archives.gov/wp-content/uploads/2017/12/NSS-Final-12-18-2017-0905.pdf; "Summary of the 2018 National Defense Strategy of the United States of America", https://dod.defense.gov/Portals/1/Documents/pubs/2018-National-Defense-Strategy-Summary.pdf.
④ The White House, "National Security Strategy", October 12, 2022.
⑤ 吴心伯：《论中美战略竞争》，载《世界经济与政治》，2020年第5期。

第二，中国海外利益的拓展深入到了西方大国及其传统的优势地区。2008年国际金融危机之后，中国海外并购的规模和范围都在扩大。西方国家由于其较好的法制和社会环境，成为中国投资者的理想目的地。中国企业希望通过竞价并购获得西方国家的优质资产，提升自身收益。中国企业特别是国企的海外行动受到了西方国家政府的格外关注，它们担心中国企业的行为背后隐藏着中国政府的战略目标，因此进行干预。近些年来，美国和欧洲多个国家纷纷加强了对外商投资审查力度，给中国企业全球并购踩下了"刹车闸"，加拿大、澳大利亚等国政府也先后叫停了中国企业的一些并购活动。据环球网2022年11月12日报道，欧洲议会以598票赞成、5票反对的压倒性优势通过了一项新法案，授予欧洲委员会新的权力，用以调查受外国政府高额补贴的企业，并阻拦其收购欧盟境内公司或参与相关投标活动。西方国家对中国企业参与对外科技合作施加的制约也在增多。自2017年以来，美国通过《出口管制条例》将华为、中国电子科技集团、中芯国际等多家中国企业纳入"实体清单"，限制其获取相关技术和资源，从而对华实行技术封锁，阻碍中国企业技术发展和能力提升。[1] 拜登于2022年8月9日签署了《2022年芯片和科学法》（*Chips and Science Act of 2022*），提出了"护栏规则"，对美国芯片企业在域外的投资与合作行为作出限制，将中国排除在合作范围之外，加剧了中国芯片产业链"断链"风险，同时扰乱了全球芯片产业链的布局。[2] 此外，中国海外

---

[1] 彭家乐、谢伟、李习保:《技术封锁与并购：基于文本分析的实证研究》，载《科学学研究》，2024年4月10日，第1—22页。
[2] 李雨峰、孙子博:《美国芯片立法的最新动向与中国对策》，载《科技与法律（中英文）》，2024年第2期，第1—11页。

利益拓展的非洲及拉美地区易受到欧洲国家及美国的影响。在亚洲地区，日本经济在东亚长期居于领先地位，与韩国、东盟国家等有着密切的经贸往来，其对中国在亚洲地区的海外利益持一定程度的排斥态度。这既增加了中国海外利益拓展的难度，也增加了对之进行维护的难度。

二、新兴经济体的竞争

新兴市场国家和发展中国家的群体性崛起是当今世界的一大潮流。其中，代表性的有金砖国家、新钻11国（N-11）、新兴经济体11国（E11）等。中国海外利益的拓展和维护不可避免地同它们有一些趋同性竞争。

美国高盛集团（Goldman Sachs）的首席经济学家奥尼尔是金砖国家概念的首创者。2001年，他用这一概念指代四个经济发展迅速的国家——巴西、俄罗斯、印度和中国，并取它们英文国名的首字母组成"BRIC"一词。他认为，在过去的50年时间里，金砖四国的经济实力显著提升，不论在经济总量还是在人均收入上，都实现了大幅增长；按照这一发展趋势，在下一个50年，它们在世界经济中的地位将会继续改善；更乐观的情况下，这四个国家的总体经济规模在40年的时间内就可以超过六国集团；到2025年，它们的总体经济规模将超过六国集团的一半；到2050年，除了美国和日本以外，六国集团之中的其他国家将淡出世界前六大经济体之列。[①] 此后，这一概念被广泛应用，并逐渐由概念转变为现实。伴随着一系列峰会的召开和相关机制的建立，金砖四国演变为金砖国家。2010年南非加入后，其英文名称变为了"BRICS"。2024年1月1

[①] Goldman Sachs, "Dreaming With BRICs: The Path to 2050", *Global Economics Paper*, No. 99, 2003.

日,金砖国家新年迎"新",沙特、伊朗、阿联酋、埃塞俄比亚、埃及加入金砖国家行列。自此,金砖国家正式成员国数量从五个变成十个。①

在推出金砖四国的概念之后,高盛集团又提出了新钻11国的概念,主要指在经济增长潜力上仅次于金砖国家的新兴市场国家,包括孟加拉国、埃及、印度尼西亚、伊朗、韩国、墨西哥、尼日利亚、巴基斯坦、菲律宾、土耳其和越南11国。高盛集团认为,尽管新钻11国在经济发展水平上差别较大,并且其中的一些经济体相较于其他经济体而言面临着更多的挑战,但它们的发展前景依然被看好。② 这些国家在发展特征上同金砖国家具有相似之处,它们有的人口众多、劳动力资源丰富,有的石油、天然气等自然资源丰富。它们在经济发展上较为突出的表现及改革动向已经激发了投资者的兴趣,由其人口规模带来的市场潜力也极具诱惑力。

新兴经济体11国是2010年在博鳌亚洲论坛上被提出的一个新概念,获得了与会国家的承认。③ 其专指二十国集团中的中国、印度、巴西、俄罗斯、南非、韩国、沙特阿拉伯、印度尼西亚、墨西哥、土耳其、阿根廷这11个国家,并把它们作为一个整体来看待。这些新兴经济体具有以下特征:经济发展前景普遍被看好;增长速度将超过七国集团;为全球治理贡献更多的力量;对世界经济的未来走向具有重要影响;④ 在经济发展的速度和持续性上更加稳定。

---

① 袁勇:《金砖国家新年迎"新"》,载《经济日报》,2024年1月4日,第4版。
② Goldman Sachs,"The N-11:More than an Acronym BRICs and Beyond",2007, p.131.
③ 《"新兴经济体11国"首次成为整体研究对象》,载《光明日报》,2010年4月11日,第8版。
④ 王宁、史伟明:《博鳌亚洲论坛新兴经济体发展2009年度报告》,北京:对外经济贸易大学出版社,2010年版。

在此，有一点需要澄清，虽然金砖国家和新钻11国是新兴经济体的优秀代表，但它们并不是新兴经济体的全部，其他一些发展中国家在经济上也有不俗的表现。新兴经济体在经济发展上的共性体现在供给和需求两个维度上。它们的产业布局趋同、市场需求趋同、资源需求趋同、投资需求趋同；既需要为本国商品寻找广阔的外部市场，又需要引进外部的资本、技术、能源和资源；既优势互补，又相互竞争。例如，在石油、天然气等能源的出口上，俄罗斯、印度尼西亚、伊朗、埃及、尼日利亚等国既同为其他新兴经济体的商业合作伙伴，又互为竞争对手。

作为新兴经济体中的一员，中国与其他新兴经济体既是合作关系，又是相互竞争的关系。一方面，在中国所需的能源资源供应上，俄罗斯等国可以丰富中国石油和天然气的进口渠道，满足中国的发展需要；中国国内过剩的资本也可以通过各种形式投资到这些充满增长潜力的国家，在促进其发展的基础上实现增值。而且，中国同这些新兴经济体的合作并不仅仅局限于经济范围内。在一些重要的国际政治经济事务上，它们有着共同的立场和利益。[①] 借助金砖国家合作机制和二十国集团等多边机制，中国同这些国家一道，积极争取国际话语权和投票权，表明自身的主张，反映新兴经济体和发展中国家的诉求。

另一方面，中国同其他新兴经济体之间也存在一定竞争。一项关于中国与其他金砖国家关系的研究认为，这些国家之间的合作受以下因素的影

---

① Mingjiang Li, "Rising from Within: China's Search for a Multilateral World and Its Implications for Sino-US Relations", *Global Governance*, Vol. 17, No. 3, 2011, pp. 331-351.

响：各国间的差异性；中印、中俄地缘关系复杂性；美国的介入。[1] 中印之间的边界领土争端已经持续了半个多世纪，印度以中国作为战略竞争对手；伴随着中国共建"一带一路"倡议的推行，中国同周边国家的合作可能会减少中亚国家对俄罗斯的依赖；[2] 朝核问题、美国因素影响中韩关系的发展；南海问题则给中国与东南亚个别国家的关系带来了挑战。

在"走出去"和共建"一带一路"倡议的引领下，中国海外利益的基本面进一步扩大，增加了中国同其他新兴经济体摩擦的概率。这集中表现为，在海外市场、国际投资及海外能源资源需求上，中国同有些国家具有一致性。以中印为例，两国都是当今世界上经济发展迅速、经济形势看好的国家。在过去一段时期，中国充分挖掘了自身劳动力资源丰富的优势，积极发展了劳动密集型的制造产业，并不断融入科技创新元素，提质升级，经济始终保持向好态势。海关总署2023年1月13日发布数据："2022年我国外贸进出口顶住多重超预期因素的冲击，进出口规模、质量、效益同步提升。全年进出口总值首次突破40万亿元关口，连续6年保持世界第一货物贸易国地位。"[3] 印度货物出口的世界排名在10—20名之间徘徊，2022年排第13名。但印度的服务净出口一直位居世界前列。如今，两国正在向彼此的优势领域拓展，印度渴望增加制造业出口，而中

---

[1] Michael A. Glosny, "China and the BRICs: A Real (but Limited) Partnership in a Unipolar World", *Polity*, Vol. 42, No. 1, 2010, pp. 1–129.
[2] 许勤华、时殷弘：《中国对外战略中的俄罗斯——显著意义与潜在负项》，载《俄罗斯东欧中亚研究》，2016年第2期。
[3] 杜海涛、张芳曼：《我国进出口规模首次突破40万亿元（新数据 新看点）》，载《人民日报》，2023年1月14日，第1版。

国则大力推动服务业出口。① 在石油进口上，中印两国都依赖海外能源，2023年，中国的原油对外依存度保持在72%左右②，而印度"是世界第三大原油进口和消费国，对外依存度约85%"③。中印两国在印度洋上的冲突主要来源于海权格局的碰撞，以及印度对"海上丝绸之路"的抵触。随着中国战略利益的政治地理空间不断延伸，以及中印两国综合国力的发展，这一地区安全结构发生深层次变化。而双方在能源安全方面的需求致使两国的战略结构发生一定重叠。④

国家之间的利益冲突已成为中国海外利益拓展和维护过程中必须妥善应对的一个问题。当然，利益竞争并不必然导致冲突，但是需要设置明确的议程和规则，创造更加广阔的利益空间。在此基础上，才能以竞争为契机，推进合作。⑤

---

① 《美媒：中印相互涉足对方经济地盘竞争加剧》，http://oversea.huanqiu.com/article/2014-05/4990738.html。
② 钱兴坤、陆如泉、罗良才等：《2023年国内外油气行业发展及2024年展望》，载《国际石油经济》，2024年第2期。
③ 杨猛、郑先武：《印度加入中东"四方机制"的动因、影响与挑战》，载《阿拉伯世界研究》，2023年第3期。
④ 仇华飞、孙雪：《安全结构与利益竞争视阈下的中印印度洋战略互动》，载《同济大学学报（社会科学版）》，2021年第6期。
⑤ 郎帅：《中美大国互动：历史、现实与未来》，载《内蒙古农业大学学报（社会科学版）》，2016年第5期。

第四章

世界大国海外利益维护的经验教训

作为一个新晋的海外利益大国，中国缺乏防范海外利益各类风险、应对海外利益系列挑战的经验。欧美日等发达地区和国家以自身的实践率先建立起了关于海外利益维护的"现实知识"框架。在这些"现实知识"中，既包括成功的经验，也包括失败的教训。本章本着"中国自身—外部世界""新兴大国—传统大国"相对照的逻辑，重点考察了英、美、日三个大国的案例，概要性地梳理了它们在海外利益内涵界定、风险评估及策略选择等方面的经历，明确其中的得失，希望借此进一步丰富中国关于海外利益维护的资源，通过品鉴他者，优化自身，增益中国现实。

第一节 英国海外利益维护的启示

本节主要考察近现代以来的英国。大英帝国时期，英国海外利益遍布全球，是当时拥有海外利益最多、规模最大的国家，极具代表性，它缔造了"大不列颠治下的和平时代"（Era of Pax Britannica）[1]。

---

[1] 罗伯特·吉尔平著,杨宇光译:《国际关系政治经济学》,上海:上海人民出版社,2006年版。

一、英国海外利益的主要内涵

英国海外利益的获得不是一蹴而就的，而是经历了一个不断累积的过程。作为曾经盛极一时的大国，英国在其领土范围之外，积累了种类繁多、规模庞大的海外利益。具体来看，主要包括以下几个方面：

（一）海外政治利益

英国的海外政治利益主要体现在殖民地上。特别是在维多利亚女王时代（1837—1901年），大英帝国一举走向世界之巅，成为"日不落帝国"。据统计，当时人口只有4000万的英国在世界各地占领了50处殖民地，总人口超过3.45亿，陆域总面积达到1160万平方英里（1平方英里约等于2.59平方千米）。[1] 英国不仅在殖民地拥有量上远远超过其他帝国主义国家，而且其统治下的人口和陆地面积也超过了法国、德国、葡萄牙、荷兰、西班牙、意大利、奥匈帝国、丹麦、俄罗斯、土耳其、中国和美国的总和。[2] 殖民地是英国成为世界大国的重要保证，当时英国近半数的进出口贸易都是与殖民地进行的。[3] 英国掌握着殖民地的政治、经济、军事和外交大权，以此作为谋取各种利益的基础。

（二）海外经济利益

大英帝国的海外经济利益规模极其庞大。这主要体现在商品出口市

---

[1] John. A. Hobson, *Imperialism: A Study*, London: Allen and Unwin, 1902.
[2] 罗伯特·A. 帕斯特编, 胡利平、杨韵琴译：《世纪之旅——世界七大国百年外交风云》, 上海：上海人民出版社, 2001年版, 第37页。
[3] Alfred L. P. Dennis, "British Foreign Policy and the Dominions", *The American Political Science Review*, Vol. 16, No. 4, 1922, pp. 584-599.

场、原材料产地和海外投资三项内容上。[1] 英国在全球范围内拥有的这些资产,使得英国成为首屈一指的全球性大国。[2] 作为率先开展工业革命的国家,英国需要大量的资源进行工业生产。亚洲、非洲和美洲的殖民地是英国重要的生命线,为其经济发展提供了源源不断的原材料。如表4-1所示,英国在世界贸易体系中占据重要地位。根据英国官方的统计,在1723—1851年间,其工业制成品的出口份额呈不断上升趋势。[3] 种类从最初的棉纺织品扩展到煤、钢铁、机床和化学品等多种产品。1860年,英国的贸易额占世界贸易总额的25%;1913年,虽然这一数字下降到了17%,但英国依然是世界第一贸易大国。[4] 在1870年以前,英国并不是一个大型资本输出国;[5] 1870年之后,其对外投资实现大幅增长,见表4-2。据估计,在第一次世界大战之前,英国的海外资产在其国民财富中的比例为30%。[6] 海外收入主要来自对印度、殖民地和外国政府的股票、市政证券和铁路的投资,以及其他各种投资带来的巨大额外收益。[7]

---

[1] P. J. Cain and A. G. Hopkins, "The Political Economy of British Expansion Overseas, 1750 - 1914", *The Economic History Review*, Vol. 33, No. 4, 1980, pp. 463 - 490.

[2] Daniel Deudney, "Greater Britain or Greater Synthesis? Seeley, Mackinder, and Wells on Britain in the Global Industrial Era", *Review of International Studies*, Vol. 27, No. 2, 2001, pp. 187 - 208.

[3] Javier Cuenca Esteban, "The Rising Share of British Industrial Exports in Industrial Output, 1700 - 1851", *The Journal of Economic History*, Vol. 57, No. 4, 1997, pp. 879 - 906.

[4] Patrick J. McGowan and Bohdan Kordan, "Imperialism in World - System Perspective: Britain 1870 - 1914", *International Studies Quarterly*, Vol. 25, No. 1, 1981, pp. 43 - 68.

[5] D. C. M. Platt, "British Portfolio Investment Overseas Before 1870: Some Doubts", *The Economic History Review*, New Series, Vol. 33, No. 1, 1980, pp. 1 - 16.

[6] Michael Edelstein, *Overseas Investment in the Age of High Imperialism: The United Kingdom, 1850 - 1914*, New York: Columbia University Press, 1982, p. 25.

[7] George Paish, "Great Britain's Capital Investments in Other Lands", *Journal of the Royal Statistical Society*, Vol. 72, No. 3, 1909, pp. 465 - 495.

表4-1　1880—1913年英国工业制成品占世界的份额　　（单位:%）

年份	份额
1880	41.4
1890	40.7
1899	34.0
1913	31.0

资料来源:Stephen J. Nicholas,"The Overseas Marketing Performance of British Industry,1870-1914",*The Economic History Review*,Vol. 37,No. 4,1984。

表4-2　1881—1913年英国的对外投资情况　　（单位:百万英镑）

年份	1881	1882	1883	1884	1885	1886	1887	1888	1889	1890	1891
投资量	74	68	61	63	55	70	84	119	123	117	58
年份	1892	1893	1984	1895	1896	1897	1898	1899	1900	1901	1902
投资量	40	32	48	78	69	78	77	78	50	50	89
年份	1903	1904	1905	1906	1907	1908	1909	1910	1911	1912	1913
投资量	83	88	129	85	116	147	176	198	169	201	217

资料来源:A. G. Ford,"British Investment in Argentina and Long Swings,1880-1914",*The Journal of Economic History*,Vol. 31,No. 3,1971。

（三）海外安全利益

这包括英国驻外机构及其工作人员的安全、英国海外企业的安全、英国海外公民的安全、海外战略交通要道的安全、殖民地的安全等。英国的全球政治经济扩张一方面需要大量的驻外机构和外交官，另一方面需要大量的企业在海外进行投资、贸易和生产，这些组织和人员的安全需要获得保障。有研究表明，英国对外投资与海外移民之间的关系是正相关，原因是英国在相关地区的投资促进了增长,创造了新的就业机会。① 出于这个原因,数量众多的英国公民选择移居海外,他们的人身和财产安全不容忽视。除此之外,重要海上通道和殖民地对于英国来说意义重大,其大战略的一大目标就是"保证通向大英帝国最遥远角落的航道畅通无阻"②。英国的战略要道主要是指通往印度的海上通道、地中海航线、苏伊士运河等。

(四)海外文化利益

这主要是指英语在世界范围内的传播和英国的海外宗教利益等。英国在进行海外政治经济扩张的同时,还在不断拓展自己的文化影响力。伴随着英国全球殖民地网络、贸易网络、投资网络及人员网络的建立,英语逐渐成为世界的通用语言和多国的官方语言。另外,英国有大批传教士在亚洲、非洲和美洲进行传教活动,并由此形式了规模庞大的宗教网络。

二、英国海外利益面临的挑战

大英帝国时期,虽然英国通过构建殖民帝国、商贸帝国和资本帝国,成为一个海外利益大国,但是其海外利益拓展并非一帆风顺,而是遭受多重风险,面对着来自其他大国的激烈竞争。这些始终威胁着英国海外利益的生存状态。

(一)殖民地和对象国的抵制和反抗③

英国在进行海外殖民和商业扩张的过程中,同殖民地和对象国人民之

---

① H. W. Richardson, "British Emigration and Overseas Investment, 1870 – 1914", *The Economic History Review*, New Series, Vol. 25, No. 1, 1972, pp. 99–113.

② 罗伯特·A. 帕斯特编,胡利平、杨韵琴译:《世纪之旅——世界七大国百年外交风云》,上海:上海人民出版社,2001年版,第38页。

③ P. J. Cain and A. G. Hopkins, "Gentlemanly Capitalism and British Expansion Overseas I. The Old Colonial System, 1688–1850", *The Economic History Review*, Vol. 39, No. 4, 1986, pp. 501–525.

间一直存在着难以调和的矛盾。事实上，英国海外利益的拓展史就是殖民地和受压迫人民的抗争史。在政治上，英国与殖民地和对象国的体制格格不入，受到它们的排斥。在英国介入以前，很多殖民地国家和对象国没有现代的外交机构，例如中国的清政府，长期奉行"海禁"的对外政策。在经济上，殖民地和对象国大多处于一种落后封闭的状态，自给自足，对英国生产的工业品缺乏购买力，对英国掠夺本地的劳动力和资源持反抗态度。在安全上，英国的商品和宗教文化进入殖民地和对象国，都遭到了强烈的抗争。即便通过战争占领当地后，针对英国政府、企业和公民的起义和暴动仍时有发生，其海外利益只是处于相对安全的状态。在文化上，基督教的传播遇到阻力。例如在印度，"只有少数印度人变成了基督徒，因为印度教提供了与反对伊斯兰教义同样多的反对基督教的证据"[①]。

（二）其他欧美大国的竞争[②]

这是英国海外利益遭遇的"最强劲挑战"。在英国称雄世界的道路上，一直都有实力强大的国家与之角力。先是西班牙、荷兰，之后是法国、美国、沙俄和德国，都同它在海外展开了激烈的争夺。葡萄牙、西班牙、荷兰在海外扩张上走在了英国的前面，特别是西班牙和荷兰拥有强大的海上力量，在抢占殖民地、拓展商业版图上占有优势。法国是与英国同时期的强国，两国为争抢非洲和美洲的殖民地一直战争不断。美国是后起之秀，先是通过斗争摆脱了英国的殖民统治，之后成为英国在世界政治经

---

① 威廉·麦克尼尔著，施诚、赵婧译：《世界史：从史前到21世纪全球文明的互动》（第四版），北京：中信出版社，2013年版，第358页。

② P. J. Cain and A. G. Hopkins, "Gentlemanly Capitalism and British Expansion Overseas II: New Imperialism, 1850–1945", *The Economic History Review*, Vol. 40, No. 1, 1987, pp. 1–26.

济领域的强劲对手。沙俄在地缘政治和宗教文化上都与西欧有所区别，在欧洲大陆、近东和远东同英国反复争斗。德国崛起于殖民地被基本瓜分完毕之后，与英国存在"结构性失衡"（Structural Imbalance）。[①]

（三）重大疾病和自然灾害的威胁

重大疾病包括黄热病、疟疾、伤寒和霍乱等。黄热病曾是人类历史上最严重的传染病之一，主要在美洲、非洲和欧洲的一些地区蔓延，英国深受其害。1727年，在英军舰队出征哥伦比亚和巴拿马时，所有士兵都因黄热病死亡；1741年，在哥伦比亚，一个月内英军2.2万名士兵死亡，绝大部分死于黄热病，部分死于疟疾。[②] 自然灾害包括海啸、飓风等。在大西洋通往非洲和美洲的海路上，英国大量的商船、货物和人员因恶劣天气受损。

三、英国的海外利益维护

英国的海外利益维护是以权力运用为内核的。面对海外利益拓展中层出不穷的风险和日益激烈的竞争，英国将"硬实力"与"软实力"相结合，以其合力来保障海外利益的安全。

（一）英国海外利益维护效能的展现源自内部结构的优化

英国实现海外利益维护的第一步是强大自身。英国国家综合国力的增强始自一系列革命性的变化。英国是欧洲列强中较早进行资产阶级革命的国家之一，在17世纪成为君主立宪制国家，政治稳定为其资本主义发展和技术革命创造了条件。18世纪，工业革命时代来临，英国的技术进步

[①] P. J. Cain and A. G. Hopkins, "The Political Economy of British Expansion Overseas, 1750-1914", *The Economic History Review*, New Series, Vol. 33, No. 4, 1980, pp. 463-490.

[②] 孔静：《〈蚊子·帝国〉与约翰·麦克尼尔的环境史观》，载《沧桑》，2013年第3期。

尤其集中在纺织业。19世纪中后期，纺织机和蒸汽机、铁路和轮船、煤和钢铁工业有机结合，大量新技术发轫于英国并得到大规模应用。这个时期是"英国无可置疑地在一切技术和工业阶段都保持领先地位的时代"①。总而言之，民主革命和工业革命使英国可以获得更多的资源支持，跨越更长的时间和更远的距离组织动员人力和武力，实现本国的安全和发展，从而在众多的竞争者中脱颖而出，占据优势地位，拓展和维护自身的海外利益。

（二）英国海外利益维护主要以其强大的军事和外交实力为后盾

对于殖民地和欠发达地区，英国往往是枪炮开路、商品和投资随行。总体来看，军事手段在四个方面发挥作用：首先是征服；其次是辅助建立一个对象国人民同意的、可以执行侵入者青睐政策的政府；再次是迫使对象国政府接受由殖民帝国派遣人员的政策指导；最后是推动强国在弱国攫取特殊权利、建造海上和陆上军事基地、划分特权商业法律和政策区域。② 在当时国际法和国际规范缺失的环境下，英国的很多企业纷纷在海外修建港口并拥有军队，英国政府则常年维持着一支规模庞大的海军，设立了众多的海外军事基地，以此为其海外利益保驾护航。③ 对于欧美强劲的竞争对手，英国特别注重将军事手段和外交手段相结合，先后通过战争手段击败了荷兰、西班牙、法国等竞争者，又通过外交方式长期维持了欧洲大陆的均势，确保其不为一个强国所控制，遏制了新兴强国对英国霸权

---

① 威廉·麦克尼尔著，施诚、赵婧译：《世界史：从史前21到21世纪全球文明的互动》（第四版），北京：中信出版社，2013年版，第381页。

② H. S. Ferns, "Britain's Informal Empire in Argentina, 1806-1914", *Past & Present*, Vol. 4, No. 1, 1953, pp. 60-75.

③ 周程：《审视中国的海外利益》，载《国际融资》，2005年第7期。

地位的觊觎。

(三) 英国海外利益维护突出了"软实力"的作用

除了充分利用军事和经济等硬实力之外，推广自由贸易理念、创设自由贸易制度也是英国努力的方向之一。在研究中，历史学家们越来越多地提及"非正式帝国"（Informal Empire）这个概念。他们认为，很多遥远的非殖民地地区从来没有成为大英帝国正式统治的一部分。在非洲、黎凡特、南美和远东，英国官员主要通过积极的政治介入来推进自由贸易。"自由贸易的帝国主义"（Imperialism of Free Trade）是引领英国一个世纪政策的主导性原则，它既存在于"非正式帝国"内，也存在于"正式帝国"（Formal Empire）内。[1] 实际上，早在拿破仑战争以前，自由贸易运动就已经在英国兴起了。[2] 在英国的不懈努力下，自由贸易和自由放任的经济思想被广泛传播，到19世纪60年代中期，除了美国以外的工业化国家比以往任何阶段都更接近贸易自由化。[3] 借助自由贸易思想，英国减少了其在海外利益拓展中遇到的阻力，并很好地维护和进一步拓展了自身的海外利益。

四、英国海外利益维护的启示

以史为师，可以明得失、知兴替。作为近代史上最具代表性的大国之一，英国在大英帝国时期的海外利益维护经历至今仍具有重要的启示意

---

[1] W. G. Hynes, "British Mercantile Attitudes Towards Imperial Expansion", *The Historical Journal*, Vol. 19, No. 4, 1976, pp. 969–979.

[2] C. P. Kindleberger, "The Rise of Free Trade in Western Europe, 1820–1875", *The Journal of Economic History*, Vol. 35, No. 1, 1975, pp. 20–55.

[3] Patrick J. McGowan and Bohdan Kordan, "Imperialism in World-System Perspective: Britain 1870–1914", *International Studies Quarterly*, Vol. 25, No. 1, 1981, pp. 43–68.

义。英国的海外利益维护着重彰显了权力的性能。

第一,权力是一个国家海外利益维护中的必备元素。在一个全球化和国家间相互依赖特征日益明显的时代,权力——特别是强大的军事实力、成熟的外交实力和卓越的思想实力,是一个大国与外部世界成功互动过程中必不可少的因素。其中,军事实力是国家利益和海外利益维护的最终屏障。英国的案例表明,海军和海权对于一国的国家利益和海外利益具有支撑作用。马汉(Alfred Thayer Mahan)在《海权对历史的影响(1660—1783)》一书中就曾提及,海军的存在有着强大的"经济动机",即保护"商业"。[①] 21世纪被称作"海洋的世纪",伴随着海洋在交通运输、经济发展和资源供应等层面的战略价值不断凸显,中国建设海洋强国已经变得刻不容缓。自党的十八大以来,中国在相关领域的投入力度不断加大,国产航母建造、吉布提保障基地建设都已取得重大进展。然而,这只是一个开端,中国要持续加强自身的海外军事投送能力,锻造与自身国际地位和国家利益容量相匹配的海上力量。此外,英国的案例还表明,一个国家在国际政治、国际经济和国际安全领域提出和推广创造性思想的能力极为重要。这启示中国,在维护自身海外利益时,也要注重增强自身软实力。

第二,权力的运用要以尊重对象国和对象国人民的合法权益为前提。英国的海外利益拓展和维护带有强烈的殖民主义色彩,其很多权力运用行为在本质上属于侵略行径。在政治上破坏了相关国家的独立,经济上使这些国家沦为英国的附庸,安全上使它们成为帝国主义国家之间争夺的棋子,文化上不利于相关民族本土文化的传承发展。英国殖民侵略他国的行

[①] A. T. 马汉著,安常容、成忠勤译:《海权对历史的影响(1660—1783)》,北京:解放军出版社,2014年版,第34—114页。

为是典型的"自私自利、损人利己"行为。正因如此,英国在行使权力、"确保"自身海外利益的同时,也在不断"累积"风险,其海外利益缺乏长期的、稳固的民意基础。伴随着英国同其他大国及被殖民国家间矛盾的激化,它的权力逐渐被削弱,其海外利益也不断被侵蚀。经过两次世界大战及蓬勃发展的民族解放运动的冲击,英国失去了昔日拥有的大部分海外利益。很显然,在海外利益的拓展和维护上,英国的"旧殖民主义模式"并不适用于中国。中国要走一条和平、合作、互利、互惠、共赢的海外利益维护之路。中国国家核心利益和海外利益的维护、拓展以和平共处五项原则为指引,践行正确义利观,推动构建人类命运共同体,在与对象国的相互尊重、和平共处中实现平等互利、共赢共荣。

第二节 美国海外利益维护的启示

本节考察的是第二次世界大战之后的美国。这一时期一度被称为"美利坚治下的和平时代"(Era of Pax Americana)[①]。美国是当今世界海外利益最丰富、影响力最大的国家,在第二次世界大战后的半个多世纪里一直占据着世界头号海外利益大国的地位。对于自身海外利益的维护,美国积累了诸多经验。考察美国海外利益维护的经历,深入挖掘其带来的启示意义,对于中国这一新兴大国的海外利益维护而言,有其重要性与必要性。

一、美国海外利益的主要内涵

按照兹比格纽·布热津斯基(Zbigniew Brzezinski)的定义,美国是最

---

① 罗伯特·吉尔平著,杨宇光译:《国际关系政治经济学》,上海:上海人民出版社,2006年版。

严格意义上的全球性大国。① 它的海外利益具有种类上的多样性、内容上的丰富性和规模上的庞大性等特征。一直以来，其海外利益的主要内涵基本稳定。2014年3月，美国发布的《四年防务评估报告》（Quadrennial Defense Review 2014）对美国的国家核心利益做了如下概括：美国、美国公民、美国盟友和伙伴的安全；在一个开放且有助于促进开放和繁荣的国际经济体系下的、强大的、创新的和不断增长的美国经济；国内外对普世价值的尊重；由美国领导和推动的，有助于通过合作应对全球性挑战的，促进和平、安全和机遇的国际秩序。② 下文也从政治、经济、安全和文化四个维度对美国的海外利益作分析。

（一）海外政治利益

美国的海外政治利益以其全球领导地位、军事盟友、外交网络及其在国际组织中的权利为主要内容。自美国独立以来，"孤立主义"（Isolationism）和"国际主义"（Internationalism）一直是其审处自身与外部世界关系的两大传统。③ 经过两次世界大战，国际主义逐渐在美国国内占据上风，美国也因此成为全球性的国家。因此，美国在涉及全球政治、经济等的诸多议题上占据优势。亨廷顿就认为，"美国的国际首要地位能否保持，关乎美国人民的幸福与安全，关乎未来世界的自由、民主、经济开放和秩序"④。美国海外政治利益的另外一项重要内容是其军事盟友。二战

---

① 兹比格纽·布热津斯基著,中国国际问题研究所译：《大棋局：美国的首要地位及其地缘战略》,上海：上海人民出版社,2007年版,第21页。

② U. S. Department of Defense, "Quadrennial Defense Review 2014", https://history.defense.gov/History-Sources/Quadrennial-Defense-Review。

③ 亨利·基辛格著,顾淑馨、林添贵译：《大外交》,海口：海南出版社,2012年版。

④ Samuel P. Huntington, "Why International Primacy Matters", *International Security*, Vol. 17, No. 4, 1993, pp. 68–83.

后，通过多边和双边军事协定，美国建立起了一个巨大的同盟网络。在北美、南美、西欧、中东、东亚等地，美国发展和扩充了自己的盟友群。"澳英美安全伙伴关系"和"印太经济框架"分别是美国在安全和经济领域构建复合型联盟/多边机制的最新尝试。[①] 与此同时，美国还是世界上外交任务保有量最多的国家，其外交关系网络几乎覆盖了世界上所有的国家和地区。在联合国、世界银行、国际货币基金组织、二十国集团等重要国际组织中，美国也享有重要的地位。

(二) 海外经济利益

美国的海外经济利益主要包括进出口贸易、对外投资、国际能源资源需求等内容。美国是当今世界第一经济大国，根据美国商务部经济分析局2023年的统计数据，在1960年时，美国贸易出口额为259.39亿美元，其中，商品出口额为196.50亿美元，服务出口额为62.89亿美元；贸易进口额为224.33亿美元，其中，商品进口额为147.58亿美元，服务进口额为76.75亿美元。到2023年，美国贸易出口额为30 518.21亿美元，其中，商品出口额为20 526.83亿美元，服务出口额为9991.38亿美元，分别约为1960年的117倍、104倍、159倍；贸易进口额为38 316.16亿美元，其中，商品进口额为31 123.15亿美元，服务进口额为7193.01亿美元，分别约为1960年的260倍、211倍、94倍。[②] 美国是当今世界第一大对外直接投资国和引资国。1982年，美国在世界各国的各类行业投

[①] 秦升:《周边建构与美国盟友的联盟战略——以澳美同盟为例》,载《当代亚太》,2023年第2期。

[②] "International Trade in Goods and Services", https://www.bea.gov/data/intl-trade-investment/international-trade-goods-and-services.

资总量为 10.78 亿美元，到 2022 年时这一数字变为了 3658.57 亿美元，增长了 339 倍；① 而在其引进的外国各类行业投资存量上，2022 年达到 3451.38 亿美元。② 在很长一段时期内，美国保持着全球能源最大进口国和消费国地位。在美国页岩油大规模开发、出口量不断增加的背景下，欧洲和印度等市场对其意义重大。2024 年 3 月 18 日，美国能源信息署更新的数据显示，2023 年美国原油出口量创下历史新高，平均为 410 万桶每日，比 2022 年创下的年度纪录高出 13%（48.2 万桶每日）。③

（三）海外安全利益

美国的海外安全利益主要包括美国驻外机构及其工作人员、美国企业、美国公民及其盟友的安全。美国组建了世界上最大的外交网络，其驻外机构和工作人员的安全需要获得保障。在近些年世界各国外交官遇袭事件中，美国涉及的人员数量尤其多。2023 年 5 月 17 日，美国国务卿布林肯（Antony Blinken）证实，一支美国领事馆车队在尼日利亚东南部阿南布拉州遇袭，导致至少四人死亡，其中包括两名美国领事馆人员和两名警察。④ 美国是世界上拥有跨国公司最多的国家。在《财富》杂志公布的世界 500 强企业名单中，美国企业数量长期占据首位，直到 2019 年，"中国上榜企业数量达到了 129 家，历史性超过美国（121 家）"⑤。2023 年，

---

① "U.S. Direct Investment Abroad: Balance of Payments and Direct Investment Position Data", https://www.bea.gov/international/di1usdbal.
② "Foreign Direct Investment in the U.S.: Balance of Payments and Direct Investment Position Data", https://www.bea.gov/international/di1fdibal.
③ 冯亚仁、柳直：《美国借制裁抢占欧佩克市场》，载《环球时报》，2024 年 4 月 3 日，第 11 版。
④ 《美国领事馆车队在尼日利亚遭袭，四人丧生》，https://www.thepaper.cn/newsDetail_forward_23115679。
⑤ 《2019〈财富〉世界 500 强发布 129 家中国企业上榜 首超美国》，载《法人》，2019 年第 8 期。

美国上榜企业有136家,仅次于中国的142家。这些企业在海外面临着多重安全风险。美国公民出入境人数每年数以亿计,他们在海外的人身与财产安全也不容忽视。除此之外,保障盟友安全也是美国的海外安全利益之一。苏联解体后欧洲的稳定、东亚和西太平洋地区的均势、北美洲的经济和社会安全也涉及美国重要的国家利益。[①]

(四) 海外文化利益

美国政治、经济和安全利益的海外拓展有着强烈的文化动机,那就是在世界范围内持续不断地促进美国"关于民主和人权的理想"[②]。美国的企业文化和大众文化广为传播,他国很多企业的创设都以美国企业为范本。美国的"快餐文化"、好莱坞电影在全世界流行。

二、美国海外利益面临的挑战

美国2015年2月发布的《国家安全战略报告》中涉及安全、繁荣、价值观和国际秩序四项内容。[③] 这与美国的海外安全、经济、文化和政治利益呼应。这些利益受到的挑战日益增多,综合来看,主要包括两大类:

一是各种传统和非传统安全威胁。从传统安全威胁的层面来看,国际冲突、局部战争,以及敌对国家对美国及其盟友的海外利益构成威胁。二战之后,美苏冷战主导了世界格局。虽然两个超级大国之间并未爆发热战,但社会主义苏联对美国的欧亚盟友而言,是一大安全隐患。苏联同美

---

① James Chace,"The National Interest", *World Policy Journal*, Vol. 10, No. 4, 1993/1994, pp. 109-110.

② 斯蒂芬·M. 沃尔特著,郭胜、王颖译:《驯服美国权力:对美国首要地位的全球回应》,上海:上海人民出版社,2008年版,第31页。

③ The White House,"National Security Strategy", https://obamawhitehouse.archive.gov/sites/default/files/docs/2015_national_security_strategy_2.pdf.

国的盟友之间、同美国在其他地区的代理人之间的冲突,随时都有可能演变为美苏两强的直接较量。苏联解体后,尽管美国及其盟友面临的最大威胁消失,但是历史并没有就此"终结",人类的发展也没有走向终点。①在东南欧、中东、中亚和东北亚,之前被冷战和两极格局掩盖的一系列矛盾爆发出来,国际冲突、地区战争不断,继续对美国的海外利益及盟友安全构成威胁。五次中东战争、两伊战争、伊拉克入侵科威特等,既伤及了美国的中东盟友,也对美国的海外石油利益和能源安全造成了不利影响。而亚非拉一些国家的内部动乱甚至内战,则危及了美国海外企业和公民的安全。除此之外,一些国家被美国视为敌对国家,即美国第43任总统布什(George W. Bush)所谓的"邪恶轴心"(Axis of Evil),如伊朗、伊拉克和朝鲜等国。②美国认为,这些国家发展核武器或大规模杀伤性武器,危及美国的利益及其盟友的安全。

从非传统安全威胁的层面来看,美国的海外利益还受到恐怖主义、国际经济危机、能源价格波动、气候变暖、全球大流行病等因素的影响。2001年"9·11"事件发生后,恐怖主义成了美国的大敌。美国等西方国家进行的反恐战争并没有达到预想的效果,恐怖主义在局势不稳、机会、资源稀缺和治理缺失的地区趁势而起,并向全球蔓延,呈愈演愈烈之势。美国的外交官、海外企业和公民成了恐怖主义分子袭击的目标之一,美国曾因此损失惨重。美国的盟友也频受攻击,进入21世纪以来,欧洲

---

① 福山著,黄胜强等译:《历史的终结及其最后之人》,北京:中国社会科学出版社,2003年版。
② George W. Bush, "State of the Union Address", https://georgewbush-whitehouse.archives.gov/stateoftheunion/2006/.

遇袭渐成"常态化"。① 国际金融危机则严重危害了美国的海外经济利益。这主要表现为美国产品的出口市场萎缩、海外投资收益率降低或失败、债务延期乃至违约、美元的国际地位动摇等。而海外能源资源供应对于美国及其欧亚盟友而言意义重大，尽管当前美国国内开展的"页岩气革命"大大减少了美国的对外能源依赖和需求，但它仍是世界上最大的能源消费国之一，其对国际能源价格波动依然具有"敏感性"和一定程度的"脆弱性"。② 全球气候变暖造成的海平面上升和自然灾害一方面给美国本土带来了危害，另一方面则推高了其企业的生产成本。全球大流行病严重威胁了美国海外公民的人身安全。

二是其他大国的竞争。美国曾经的头号竞争对手是苏联。二战后，社会主义苏联在国家实力和国际威望上都获得了极大的提升，成为唯一能够和美国并驾齐驱的国家。在几十年的冷战时间里，苏联成为美国全球领导权的最有力竞争者。③ 在欧洲、东亚、拉美和中东，苏联都进行了扩张，同美国在军事、政治、经济和技术等领域争夺优势。政治军事方面，1949年，北大西洋公约组织成立；1955年，华沙条约组织成立；1962年，古巴导弹危机爆发，苏联企图将自身的影响力延伸至美国的"后院"。经济方面，二战甫一结束，美国就提出了"欧洲复兴计划"，即"马歇尔计划"；1949年，苏联组织建立了"经济互助委员会"。进入20

---

① Peter O'Brien, *The Muslim Question in Europe: Political Controversies and Public Philosophies*, Pennsylvania: Temple University Press, 2016, pp. 199-200.
② 罗伯特·基欧汉、约瑟夫·奈著，门洪华译：《权力与相互依赖》（第四版），北京：北京大学出版社，2012年版，第12—13页。
③ X, "The Sources of Soviet Conduct", *Foreign Affairs*, Vol. 25, No. 4, 1947, pp. 566-582；乔治·F.凯南著，雷建锋译：《美国大外交》（60周年增订版），北京：社会科学文献出版社，2013年版。

世纪 70 年代，苏联经济紧紧追赶美国，核武器在数量上超越美国。到 20 世纪 80 年代，美苏两国又在高技术领域展开竞赛，直至苏联解体。

在资本主义阵营内部，欧日逐渐成为美国在经济领域的竞争对手。欧洲在经济上的复兴得益于其内部的一体化进程。1951 年，法国、意大利、荷兰、比利时、卢森堡和联邦德国六国在巴黎签署《欧洲煤钢共同体条约》，决定成立煤钢共同体；1957 年，上述六国在罗马共同签署《欧洲经济共同体条约》和《欧洲原子能共同体条约》（统称《罗马条约》），决定组建欧洲经济共同体和欧洲原子能共同体；1965 年，六国在布鲁塞尔签署条约，决定将上述三个共同体合而为一，统称欧洲共同体（以下简称"欧共体"）。欧共体在成员国之间搭建起了统一的市场，之后欧共体不断扩大，1991 年，其 12 个成员国签订了《欧洲联盟条约》，为未来的统一货币以及外交和安全政策设定了清晰的规则，在名称上，欧盟也取代了欧共体。到 2013 年，经过七次扩容，欧盟的成员国数量达到了 28 个（2020 年 1 月 30 日，欧盟正式批准了英国"脱欧"）。欧盟经济体量大，是国际贸易领域全球排名前三的经济体之一。2014 年，欧盟的货物出口额占全球总量的 15%，仅次于中国（15.5%），领先于美国（12.2%）；货物进口额占全球总量的 14.8%，仅次于美国（15.9%），领先于中国（12.9%）。[①] 在经济和金融上，欧盟挤压了美国在国际市场和国际投资上的活动空间。

日本经济的衰败源自二战的沉重打击，日本经济的崛起则借助了朝鲜战争提供的机遇。朝鲜战争带来了两方面的变化：一是联合国军队的

[①] EUROPA, "About the EU–Facts and Figures–The Economy", http://europa.eu/european-union/about-eu_en.

"直接采购"项目创造了新的需求;二是出口的增加和进口的减少有效地调节了日本的国际收支,缓解了其国内的通胀压力。① 在此基础上,日本逐渐恢复了元气,走上了快速发展的道路。进入20世纪80年代,日本开始大规模输出资本,在欧洲、北美、东南亚等地进行投资,日本人成为国际财富市场中的主要买家。② 这使得大多数美国人认为,"日本是一个经济强国,是我们最重要的竞争对手;我们身后的这个同伴不是共产党人,而是一个更聪明的资本家"③。90年代后,日本的经济泡沫破裂,经济遭遇滑铁卢,但依然是极少数高度工业化的国家之一和全球前五大经济体之一,也是美国在国际贸易和国际投资领域的一大竞争者。

21世纪以来,新兴经济体的群体性崛起成为当今世界的一大特征。全球经济构造板块重心漂移速度加快,新兴经济体对发达国家赶超效果明显。④ 它们在工业化水平、生产率、增长率方面都实现了巨大的提升。其中具有代表性的是金砖国家。这些国家经济体量较大,国际化程度较高,在国际贸易、国际金融和能源资源市场上的地位日益提升,对世界经济发展的贡献率不断增加。相对美国而言,金砖国家的劣势在逐渐减少,优势在逐渐累积。中国社会科学院发布的一项研究报告称,金砖国家的经济总量占美国经济总量的比重"从2010年的80%上升到了2012年的96%

---

① Saburo Okita, "Japan's Economy and the Korean War", *Far Eastern Survey*, Vol. 20, No. 14, 1951, pp. 141-144.
② D. N., "Japan: From Industry to Finance", *Economic and Political Weekly*, Vol. 26, No. 42, 1991, pp. 2406-2407.
③ Robert S. Ingersoll, "Japan's Industrial Challenge to America", *Asian Affairs*, Vol. 12, No. 4, 1985/1986, pp. 6-18.
④ 程晖:《全球经济板块中心快速漂移》,载《中国经济导报》,2011年4月12日,第A4版。

(根据汇率方法计算)"①。除了南非，其他四国的经济总量均突破了万亿美元大关。在 2008 年国际金融危机之后，虽然俄罗斯、巴西和南非三国的经济形势不容乐观，但是中国、印度依然是全球经济的领跑者，不仅与美国在商品和服务出口、海外投资并购等领域竞争，而且积极寻求扩大自身国际话语权。金砖国家已成为全球治理和全球交往中的重要元素，是重塑中的国际政治经济新秩序的显著标志。② 在金砖国家中，中国同美国在海外利益的安全、政治、经济和文化各个维度上均存在复杂关系，见表 4-3。

表 4-3 中美两国海外利益的主要关系类别

	安全	政治	经济	文化
共同的海外利益	半岛无核化 国际航运安全	联合国改革	全球市场扩大	—
互补的海外利益	—	—	彼此的市场 彼此的投资 美国国债 旅游	教育交流 语言教学 文化交流
冲突的海外利益	对华武器禁运 伊朗核问题 "萨德"入韩	是否干涉 他国内政	市场份额 投资领域	—

① 林跃勤、周文、刘文革：《新兴经济体蓝皮书·金砖国家发展报告(2013 版)：转型与崛起》，北京：社会科学文献出版社，2013 年版。
② Marcos Galvão, "Brazil, Russia, India and China: Brand BRIC Brings Change", *The World Today*, Vol. 66, No. 8-9, 2010, pp. 13-15.

续表

	安全	政治	经济	文化
对抗的海外利益	军力发展部署 外太空开发 武器出口	世界领导权 亚太领导权 国际影响力 发展模式	高科技研发 战略经济体的控制 战略物资的控制	"中国威胁论"

资料来源：阎学通：《对中美关系不稳定性的分析》，载《世界经济与政治》，2010年第12期。

三、美国的海外利益维护

美国对于维护海外利益有着清晰的思路和明确的目标，综合运用了各种手段。美国的海外利益维护以实力、制度和观念为支撑。

（一）巩固全球领导地位是首要目标和实现其他海外利益的前提

美国对于海外经济利益的维护和促进基本不表现为对具体利益目标的追求，而是鲜明体现为对国际经济体系的建设和维护，以及对在其中的领导地位的谋求。[①] 要做到这一点，关键就是要掌握构建或者变革国际政治经济秩序的权力，保证美国在世界核心地区的领导权。约瑟夫·奈（Joseph S. Nye Jr.）认为，"美国的角色是作为世界重要地区的稳定者；避免敌对霸权国家的出现，这是优先事项，是头等大事"[②]。自二战结束以来，美国就视自己为自由世界的领导者，不断宣扬其在资本主义国家进而在全球事务中的突出作用，强调其领导对于世界的积极意义。2014年5

---

① 汪段泳：《海外利益实现与保护的国家差异——一项文献综述》，载《国际观察》，2009年第2期。

② Joseph S. Nye Jr., "Redefining the National Interest", *Foreign Affairs*, Vol. 78, No. 4, 1999, pp. 22-35.

月28日,奥巴马在西点军校演讲时表示:"美国要继续领导世界100年。"① 2015年,在奥巴马政府发布的美国《国家安全战略报告》中,相关内容再次被提及,称"问题从来都不是美国是否应该领导,而是美国如何进行领导"②。2017年1月20日,特朗普在其就职演说中声称:"他将与美国人民一道,决定美国和世界未来几年的进程。"③ 2023年9月19日,拜登在第七十八届联合国大会上发表讲话时又一次鼓吹:"作为美国总统,我明白我国有责任在这个关键时刻发挥领导作用。"④

(二) 美国海外利益的维护是以强大的军事实力为后盾的

在世界范围内,美国成立了六大战区司令部,统领本土的安全防卫工作和全球各地区的安全事务,保障美国的战略安全和经济利益。⑤ 它们分别是:太平洋司令部(1947年设立),辖区覆盖整个太平洋地区,面积和人口均占世界半数以上,2018年5月30日,美国国防部宣布,该司令部更名为印度洋-太平洋司令部,覆盖范围进一步扩大;欧洲司令部(1947年设立),辖区包括了传统的西方国家以及北极地区;南方司令部(1963年设立),辖区主要涉及美国的"后院"地区;中央司令部(1983年设立),辖区涵盖中东、中亚等重要产油地,以及苏伊士运河等咽喉要道;

---

① U. S. Department of State, "President Obama's Commencement Address at West Point", http://translations.state.gov/st/english/texttrans/2014/05/20140528300220.html#axzz3G74 7ol1m.

② The White House, "National Security Strategy", https://obamawhitehouse.archives.gov/sites/default/files/strategy_2.pdf.

③ The White House, "The Inaugural Address", https://www.whitehouse.gov/inaugural-address.

④ 《拜登总统在第78届联合国大会上发表讲话》(中文翻译), https://www.state.gov/translations/chinese/remarks-by-president-biden-before-the-78th-session-of-the-united-nations-general-assembly-new-york-ny-zh/。

⑤ A. Carl LeVan, "The Political Economy of African Responses to the U. S. Africa Command", Africa Today, Vol. 57, No. 1, 2010, pp. 2-23.

北方司令部（2002年设立），辖区主要包括本土、加拿大和加勒比地区北部；非洲司令部（2007年设立），辖区覆盖非洲地区。

美国打造出了强大的海外军事投送能力。根据美国国防部发布的《基地结构报告》，2004年，美国海外军事基地共有826个，到2013年减至598个，2018年进一步缩减至514个。①美国海外军事基地的发展变化体现的是美国国家意志，服从并服务于美国国家战略。美国学者韦恩（David Vine）曾认为，这些关于海外军事基地的数字并不确切，因为很多著名的海外军事基地并没有纳入其中，如美国在科索沃、科威特和卡塔尔的基地等。根据他的推算，美国海外军事基地的数量约为800个，承接包括军队、随军家属及文员等50万人，与之相比，英、法、俄等其他国家共有30个左右的海外军事基地。②不仅如此，美国还拥有世界上数量最多、技术最先进、战斗力最强的航母战斗群。从数量上来看，美国拥有现役航空母舰11艘，几乎相当于中国（3艘）、俄罗斯（1艘）、法国（1艘）、英国（1艘）、印度（2艘）、意大利（2艘）、泰国（1艘）、巴西（1艘）、西班牙（1艘）九国的总和。

一旦美国的重大海外利益遭遇侵害或盟友安全受到威胁，战区司令部、海外军事基地网络和航母力量可以确保美国将军事力量投送到全球的各个角落。此外，美国并没有只依靠一己之力维护其海外利益，而是通过结盟的方式，利用盟友的力量减轻自身负担。③肯尼迪（Paul Kennedy）

---

① 孙丽燕：《美国海外军事基地的变迁》，载《世界知识》，2022年第18期。
② 大卫·韦恩著，张彦译：《美国海外军事基地：它们如何危害全世界》，北京：新华出版社，2016年版，第6页。
③ 陈晔：《中美两国海外利益对比分析及启示》，载《攀登》，2010年第6期。

认为:"要求美国同时保卫其所有海外利益而又没有一些盟友的帮助——比如说西欧的北约成员国,中东的以色列,太平洋的日本、澳大利亚,可能的话还有中国——几乎是不可能的。"①

(三) 美国海外利益的维护充分发挥了国际法和国际机制的作用

国际法赋予了一个国家在其企业和公民面临海外困境时的外交工具。根据国际法相关原则,对在境外的本国企业和公民提供外交保护和领事保护,是一国外交机构义不容辞的责任。美国国务院、美国在其他国家的使领馆积极为其在境外的法人和公民提供保障服务。除此之外,国际机制也是美国海外利益维护中经常使用的战略工具之一。美国最大限度地利用国际机制,发挥其综合国力的战略效能。在安全上,美国主要借助联合国安理会和北约等采取行动,保护其海外利益及盟友安全。在经济上,美国对朝鲜、伊朗、俄罗斯等国的制裁也是在七国集团等的支持下实现的。在二战后较长的时间里,美国主导了一系列重要国际政治经济组织的议程,使之有助于维护和拓展美国的国家利益。作为维护自身海外利益的重要手段之一,美国对相关国际组织的投入是以它在其中的主导权、收益所得为衡量标准的,一旦美国认为其不匹配自身利益,便会弃之不用。美国既是这些组织的创设者、维系者,也是最大的受益者。

(四) 美国海外利益的维护借助了文化观念的力量

文化观念对于塑造个人和国家的利益需求和行为取向具有突出的作用。西方自由、民主、人权等理念是美国拓展和维护其海外利益的文化手

---

① 保罗·肯尼迪著,王保存、王章辉、余昌楷译:《大国的兴衰》(下),北京:中信出版社,2013年版,第261页。

段。比尔·克林顿（Bill Clinton）曾在其竞选期间描述过三个外交政策目标——更新和重组美国的军事和安全能力、提升经济在国际事务中的作用、促进海外民主。"9·11"事件迫使布什"从根本上重新考虑国家安全问题，这一过程的最终结果是将民主提升为一个中心目标"[①]。而如何在全世界范围内扩展其民主理念，处理与埃及、伊朗、伊拉克、吉尔吉斯斯坦、巴基斯坦、俄罗斯、沙特阿拉伯、乌兹别克斯坦等国的关系，一度成为小布什政府政策辩论的核心。[②] 拜登就任后，就打着"对抗极权、打击腐败以及促进尊重人权"的幌子策划召开"民主峰会"，路透社就此事报道称："他目前正努力巩固（外界）对（美国）民主的信心。"[③] 长期以来，对外推进其所谓的"民主、自由与人权"已成为美国外交政策的重要内容。

四、美国海外利益维护的启示

美国是全方位的全球性大国，其海外利益维护具有系统性，有效地结合了权力、制度和观念三者，做到了将宏观控制与微观协调相结合。对于中国而言，这有三方面的启示：

第一，在美国海外利益维护的过程中，大国权力运用始终是直接、有效的方式。美国的大国权力运用，有效地把国家实力和国家能力二者的效能发挥到了最大。美国的国家实力具有全面性，在政治、军事、经济和文

[①] Annika E. Poppe, "Whither to, Obama? U. S. Democracy Promotion After the Cold War", *PRIF-Report*, No. 96, 2010.

[②] Thomas Carothers, "Promoting Democracy and Fighting Terror", *Foreign Affairs*, Vol. 82, No. 1, 2003, pp. 84-97.

[③] 倪浩、姜华、王逸：《拜登寻求举行峰会强化"民主"》，载《环球时报》，2021年8月13日，第3版。

化等各个维度上，美国一直占据着全球领先地位，拥有雄厚的实力资源。最为引人瞩目的是，美国的国家实力可以迅速转化为国家能力，由内向度转化为外向度，对国际政治、经济、安全和文化事务施加影响。美国的政治、军事、经济和文化实力可以相互支撑、彼此促进，从而彰显综合国力的效能。进入 21 世纪以来，中国在政治、经济等方面取得的成就备受瞩目，但从系统性维度来看，中国在海外利益维护上尚需加强综合国力的效能。

第二，在美国海外利益维护的过程中，国际机制的作用不可替代。在一系列国际机制的创设上，美国具有贡献性。美国是联合国、国际货币基金组织、世界银行、世界贸易组织等重要国际组织的发起国和筹办国之一，在这些国际组织中拥有较高的话语权和投票权，这使得美国既可以促成有利于本国的议程和决定，也可以否决不利于本国的议程和决定。另外，在关乎全球治理的国际机制改革上，美国也积极谋求主导权，确保自己的领导地位。在实践上，中国在关键国际组织投票权和话语权上与美国存在落差。这启示中国，伴随着自身经济的发展、实力的增强和对国际机制贡献的增加，要主动加强国际制度层面的前瞻规划，为"逐渐提升国际制度能力而拓展国际制度路径，以获取长远的战略利益"[1]，"需在海外利益维护的战略制定、路径选择、手段运用等方面力避单一维度着力，应从国际权力提升、国际制度运用、国际认同建构等层面综合施策"[2]。

---

[1] 王发龙：《中国海外利益维护路径研究：基于国际制度的视角》，载《国际展望》，2014 年第 3 期。

[2] 修丰义、王发龙：《中国海外利益维护的主导逻辑及其历史嬗变》，载《世界经济与政治论坛》，2022 年第 2 期。

第四章 世界大国海外利益维护的经验教训

第三，美国的海外利益维护举措并非尽善尽美。美国对世界领导权的追求和维护始终摆脱不了霸权主义和强权政治的逻辑。从国家实力的运用来看，美国不惜发动战争，介入他国事务，干涉别国的内政，破坏当地政治社会的稳定。虽然短期内这可能有助于拓展和维护美国的利益，但长期来看，则损害了美国利益增长和维系的基础。美国的"民主输出"并不成功，它所干预过的地区已经逐渐演变为战争的集中地、地区不稳定的根源和恐怖主义发展的大本营。① 美国对所谓"挑战国"和"战略竞争对手"的应对也缺乏相应的现实和理论依据，存在着"权力错误使用"和"权力过度使用"的问题。② 一些场合下，美国对国际机制的遵循是有选择性的，当认为国际组织的决定不符合本国利益时，就会将其搁置一边，采取单边主义行动；③ 当认为应对国际安全问题有利于维持其主导地位时，多采用"多边主义"政策。④ 总而言之，"美国惯于打着民主、自由、人权的幌子，发动颜色革命，挑唆地区争端，甚至直接发动战争。美国固守冷战思维，大搞集团政治，挑动对立对抗。美国泛化国家安全，滥用出口管制，强推单边制裁。美国对国际法和国际规则合则用，不合则弃、则废，打着'基于规则的国际秩序'旗号，谋着维护自身'家法帮规'的私利"⑤。中国作为负责任大国，在海外利益的维护过程中，要避免这些

---

① Steven E. Finkel, Aníbal Pérez-Liñán and Mitchell A. Seligson, "The Effects of U. S. Foreign Assistance on Democracy Building, 1990-2003", *World Politics*, Vol. 59, No. 3, 2007, pp. 404-438.
② 郎帅：《大国领导世界：是权利还是责任?》，载《领导科学》，2017年第4期。
③ Mark Beeson and Richard Higgott, "Hegemony, Institutionalism and US Foreign Policy: Theory and Practice in Comparative Historical Perspective", *Third World Quarterly*, Vol. 26, No. 7, 2005, pp. 1173-1188.
④ 王晓波、车永新：《美国应对国际安全问题的行为逻辑》，载《国际观察》，2024年第1期。
⑤ 新华社：《美国的霸权霸道霸凌及其危害》，载《人民日报》，2023年2月21日，第17版。

有损中国行为合理性和合法性的举措。

第三节 日本海外利益维护的启示

本节考察的案例是第二次世界大战之后的日本。日本长期为资本主义世界第二大国，是东亚地区最发达的经济体。日本在海外利益拓展和维护上的经验教训值得借鉴。

一、日本海外利益的主要内涵

日本是一个岛国，地域狭小，各种资源有限。[1] 在近代史上，日本是东亚地区唯一遭受侵略后又迅速崛起的国家，并从此开启了对外侵略扩张的历程。作为二战轴心国之一，日本在经历惨败后，受到了严厉的制裁。但是日本从战争的废墟上迅速恢复，并成为世界第二经济大国。经过多年发展，日本取得了举世瞩目的成就，也因此积累了广泛的海外利益。

（一）海外政治利益

作为第二次世界大战的战败国，战后日本的政治军事发展受到极大的限制。对日本来说，其最重要的海外政治利益就是与美国的关系。根据《美日安全保障条约》（Treaty of Mutual Cooperation and Security Between the United States and Japan），美国既是日本的盟国，也是日本的保护国。[2] 日本通过对美国的依附，换来了美国的安全承诺。在此基础上，日本可以集

---

[1] P. N. Nemetz, I. Vertinsky and P. Vertinsky, "Japan's Energy Strategy at the Crossroads", *Pacific Affairs*, Vol. 57, No. 4, 1984, pp. 553–576.

[2] Ministry of Foreign Affairs of Japan, "Treaty of Mutual Cooperation and Security Between the United States and Japan", https://www.mofa.go.jp/region/n-america/us/9&a/ref/1.html.

中国内外资源进行经济恢复和建设。除此之外，国际话语权也是日本一项重要的海外政治利益。经济和金融权利方面，在国际货币基金组织、世界银行等一系列事关国际政治经济秩序的国际组织中，日本拥有极大的话语权，其投票权重长期占据世界第二位，仅次于美国。而在亚洲开发银行中，行长一般由日本人出任，日本在其中享有主导权。值得一提的是，日元（Yen）与美元、欧元、英镑和人民币一道，是目前世界五大主要储备货币之一。政治权利方面，从2005年开始，日本与德国、印度和巴西组成了"四国集团"，要求联合国安理会常任理事国"扩容增员"，吸纳它们加入，[①]借此增加日本在世界政治和安全领域的影响力。自2022年以来，日本修宪势力蠢蠢欲动，企图寻机强推修宪，获得所谓"反击能力"。

（二）海外经济利益

在日本的海外利益结构中，海外经济利益占据最重要的位置，是其最主要的构成部分。研究表明，在海外经济利益的需求上，日本与其他先进的工业化国家具有一致性。具体来看，日本的海外经济利益包括以下三个方面：主要原材料的安全供应；其他国家购买日本商品；其他国家接受日本投资。[②]长期以来，日本在能源资源的进口量、商品的出口量和海外资产的拥有量上，都位居世界前列。从历史统计来看，自经济复兴以来，日本始终是国际贸易前五大国，其货物进出口总额曾长时间占据亚洲第一

---

① Stephen John Stedman, "UN Transformation in an Era of Soft Balancing", *International Affairs* (*Royal Institute of International Affairs 1944-*), Vol. 83, No. 5, 2007, pp. 933-944.

② Edward J. Lincoln, "A New Kind of World Power: Japan in the 1990s", *The Brookings Review*, Vol. 10, No. 2, 1992, pp. 12-17.

位。2019年以来,除受新冠疫情影响较为严重的2020年以外,日本对外贸易出口总额呈上升趋势。2023年,日本出口总额达到100.9万亿日元,较上年增长2.8%,自开始统计以来首次超过100万亿日元;进口总额为110.2万亿日元;进出口总额为211.1万亿日元,仅次于2022年的216.7万亿日元;亚洲地区在日本对外贸易出口总额和进口总额中所占的比重分别为52%和47.2%,是日本贸易活动最为集中的地区;美国时隔四年超过中国成为日本第一大出口对象。① 国际商品市场和能源资源供应对日本意义重大。日本是能源生产小国和消费大国,其能源进口依存度高达80%。② 日本还是世界前三大对外直接投资国。根据《世界投资报告2023》(World Investment Report 2023)的统计数据,2022年从日本流出的资金增加了10%,达到1610亿美元,使其成为第二大投资国。③ 2023年5月26日,日本财务省公布的数据显示,截至2022年年底,日本政府、企业和个人投资者拥有的海外资产减去负债所得的对外净资产余额达到418.629万亿日元(约合2.82万亿元美元),与前一年年底相比增长了0.2%,连续32年成为"世界最大的对外净资产国"④。

(三)海外安全利益

海外安全利益包括日本驻外机构及其工作人员的安全、日本海外企业实体及其员工的安全、日本海外公民的安全、海上通道的安全等。日本是世界上拥有外交机构最多、外交官数量最大的国家之一,与世界大部分国

---

① 李清如:《国际变局下日本经济形势分析与展望》,载《东北亚学刊》,2024年第2期。
② 《今年中国石油进口量将超过日本》,载《中国汽车报》,2004年2月24日,第28版。
③ UNCTAD, " World Investment Report 2023: Investing in Sustainable Energy for All ", 2023.
④ 蒋晓辰编译:《日本2022年底对外净资产达到418万亿日元 再创新高》,http://japan.people.com.cn/n1/2023/0529/c35421-40001532.html。

家都建立了外交关系。日本还拥有大量的跨国企业，美国《财富》杂志世界 500 强名单中，日本企业数量一直排在前三位，这些企业在海外的厂房设备和工作人员的安全不容忽视。另外，日本赴海外经商、务工、求学、旅游、居住的国民数量巨大，他们的安全需要保障。

（四）海外文化利益

日本的海外文化利益包括其国家的国际形象、企业的品牌与文化、公民的形象与荣誉等。二战中，日本的国际形象遭受毁灭性打击。战后，通过改革和再次崛起，日本重新树立了自己在国际社会中的"坐标"，逐渐展现了一个经济发展、民主、繁荣的国际形象。日本企业在海外也有着良好的声誉，其发展和管理模式为多国借鉴和推崇，日本的产品则被冠以高精、优质、细密的标签，索尼、佳能、丰田、本田等品牌享誉世界。日本国民在海外也逐步建立起文明、礼貌、团结、奋进的正面形象。这些都是日本拥有的海外文化资产。

二、日本海外利益面临的挑战

日本海外利益规模庞大、布局广泛，难免遭遇挑战。在拓展海外利益的过程中，日本始终面临着各种风险和竞争。综合来看，包括以下两个方面：

第一是传统和非传统安全威胁。日本国土面积狭小、人口众多、资源稀少的特点决定了它对外部市场、资源和能源的高度依赖，导致其经济上的敏感性和脆弱性。从海外能源安全来看，日本的能源进口来源地与传统和非传统安全威胁的分布地区高度重合，风险较难分散。其中表现最突出的就是石油。日本对中东地区的石油进口依存度长期居高不下，在 2011

年达到80%，远远超出美国的20.3%、法国的9%、德国的5.2%，见表4-4。然而，众所周知，该地区是各种传统和非传统安全威胁较为集中的地区，局部战争、国家间冲突、内战等频发，宗教矛盾错综复杂，经济风险高度聚集，这些都严重影响了日本的能源安全。自1973年第四次中东战争诱发石油危机以来，石油价格波动都会影响日本经济稳定。2020年，日本进口石油中约92%来自中东，对中东的依赖度甚至比石油危机时还高。俄乌冲突爆发后，日本紧随美国对俄制裁，2022年5月，日本高调宣布禁止进口俄罗斯石油，然而仅一个月后，日本就恢复了对俄罗斯石油的进口，这种前后自我矛盾侧面反映出日本能源结构的脆弱性。① 时至今日，这仍然是日本发展中的"硬伤"。

表4-4　2011年石油依存度国际比较

	日本	美国	德国	英国	法国	韩国
石油依存度	40.1	36.7	36.4	36.1	34.1	40.3
进口依存度	99.7	52.0	93.3	25.4	95.3	98.9
中东依存度	84.9	20.3	5.2	0.6	19.0	87.3

资料来源：徐梅：《日本的海外能源开发与投资及其启示》，载《日本学刊》，2015年第3期。

从海洋通道安全来看，日本的能源和资源运输及商品出口主要依靠海运，经太平洋到北美西海岸和东海岸的贸易航线，经台湾海峡、南海、马六甲海峡到达东南亚各国、印度及波斯湾的贸易和能源线对日本而言极其

---

① 何骋：《俄乌冲突下的日本经济：冲击、对策与困境》，载《日本问题研究》，2023年第2期。

重要，而海盗等问题的凸显威胁着日本的通道安全。① 日本在中东的石油购买量约占其所需石油的90%，从霍尔木兹海峡至日本的航线哪怕只中断几天，都会给日本带来严重的影响。② 从国际经济安全来看，金融危机和经济危机使日本经济的生存环境恶化，压缩了日本的商品出口市场，增加了投资风险。1997年的亚洲金融危机和2008年的国际金融危机都对日本经济造成了重创，使其在国际金融市场和商品市场上损失惨重。③ 从人员安全来看，近些年，恐怖主义的蔓延使得日本外交官、企业员工、海外公民成为袭击的目标之一。

第二是大国的竞争。这既包括来自发达国家的竞争，也包括来自新兴经济体的竞争。欧盟（之前是欧共体）和美国既是日本重要的合作伙伴，也是其主要的竞争对手。自20世纪60年代日本经济达到顶峰以来，从起先的初级工业制成品，到之后在日本出口中排名前几位的机电产品、运输设备、贱金属及制品、化工产品、钟表和医疗设备等工业制成品，均面临着美国和欧盟的激烈竞争。20世纪80年代，日本掀起大规模购买美国资产的浪潮。1985年，美、英、日、德、法五国财长和央行行长在纽约广场饭店召开会议。会议认为，与会各国应该采取有效措施进一步改善经济基本面；兼顾现在和未来经济基本面的变化，主要非美元货币对美元的循序升值是可取的；日本同意采取浮动的货币政策，保证金融市场和日元的

---

① Dennis Blair and Kenneth Lieberthal, "Smooth Sailing: The World's Shipping Lanes are Safe", *Foreign Affairs*, Vol. 86, No. 3, 2007, pp. 7–13.

② Benjamin K. Sovacool and Vlado Vivoda, "A Comparison of Chinese, Indian, and Japanese Perceptions of Energy Security", *Asian Survey*, Vol. 52, No. 5, 2012, pp. 949–969.

③ 肖晞等：《东北亚非传统安全研究》，北京：中国经济出版社，2015年版，第64页。

自由化，使日元币值与日本经济力量相符。① 日元的进一步升值加剧了日本国内的经济压力，从而诱发了原本就存在的经济问题，引发了金融动荡和经济衰退，从此，日本深陷"失去的二十年"。② 时至今日，日本经济仍在为过去买单。进入数字时代以来，日本在同传统大国的竞争中也处于下风。2024年1月15日，《日本经济新闻》一篇题为《日本沦为数字时代佃户》的文章指出，日本缺少具有国际竞争力的云基础设施，这源于日本没能加大对信息技术领域的投资，据经济合作与发展组织统计，2000—2019年间，美国、英国、法国在这方面的投资额分别达到此前的1.7倍、1.5倍和2.2倍，日本却减少了10%。③

日本经济面临的新一轮冲击来自新兴经济体，它们对国际市场、国际金融、能源资源的需求挤压了日本的份额，并对日本之前保持的国际话语权形成了冲击。中日既是东亚近邻，又是亚洲排名前两位的经济大国。有学者认为，中国的发展给日本带来的挑战是全方位的，涉及政治、经济、安全和环境各个方面。④ 中国国内生产总值超越日本，成为世界第二大经济体；在国际货币基金组织、二十国集团中的话语权不断增加；在共建"一带一路"倡议的提出和践行、亚洲基础设施投资银行的创设和运行上

---

① G8 Information Center, "Announcement the Ministers of Finance and Central Bank Governors of France, Germany, Japan, the United Kingdom, and the United States (Plaza Accord)", http://www.g8.utoronto.ca/finance/fm850922.htm.

② Padma Desai, *Financial Crisis, Contagion, and Containment: From Asia to Argentina*, Princeton, NJ: Princeton University Press, 2003, pp. 70–85. 有学者认为，所谓的日本经济"失去"夸大了日本的经济衰退，参见张季风：《重新审视日本"失去的二十年"》，载《日本学刊》，2013年第6期。

③ 《日本缘何沦为"数字时代佃户"》，载《参考消息》，2024年3月6日，第9版。

④ Christopher W. Hughes, "Japan's Response to China's Rise: Regional Engagement, Global Containment, Dangers of Collision", *International Affairs* (Royal Institute of International Affairs 1944–), Vol. 85, No. 4, 2009, pp. 837–856.

发挥主导作用——这些都对日本形成了压力。

三、日本的海外利益维护

作为第二次世界大战的战败国，日本与之前的英国和美国不同，其在自身海外利益维护上存在"结构性缺陷"，缺少维护自身海外利益所需的政治和军事权力。尽管如此，日本仍独辟蹊径，较好地维护和拓展了本国的海外利益，保持了其全球海外利益大国的地位。

（一）推行经济现实主义，最大化本国经济权力

二战后，日本不得不为自身的侵略扩张行为埋单。《日本国宪法》第二章第九条明确规定："日本国民诚实地希望以正义与秩序为基础的国际和平，永远放弃以国家主权发动战争、以武力威胁或者使用武力作为解决国际争端的手段；为了达到前款规定的目的，不保持陆海空军及其他战争力量，不承认国家的交战权。"[1] 根据法律规定，在军事上，日本只能拥有具有自卫性质的自卫队，用以保障本国安全。而日本也在很大程度上吸取了战争的教训，通过其他方式拓展和维护了自身利益。在此背景下，谋求科技和经济领域而非军事安全领域的利益成为日本政策制定的核心。[2] 20世纪50年代，日本开始实施一项旨在提升日本国民经济福利、最大化日本经济权力的战略，为此，政府努力保持企业的生产优势、优先发展重要工业部门、推动企业抢占市场份额、实行进口限制、追求贸易顺差。[3] 日本广泛吸收美国和西欧国家的先进技术，通过提高自身产品质量

---

[1] 潘汉典译注：《日本国宪法》，载《环球法律评论》，1981年第2期。

[2] Eric Hegibotham and Richard J. Samuels, "Mercantile Realism and Japanese Foreign Policy", *International Security*, Vol. 22, No. 4, 1998, pp. 171-203.

[3] Samuel P. Huntington, "Why International Primacy Matters", *International Security*, Vol. 17, No. 4, 1993, pp. 68-83.

来打败竞争对手。

在经济实力增强后，日本积极开展对外援助。日本是世界上对外援助最多的国家之一。在一段时期内，日本是中国最大的贸易伙伴、最大的双边援助及多边援助供应方。[①] 日本还是世界上对外贷款额和投资量最大的国家之一。相较于美国和欧盟，日本贷款的利率更低、期限更长，帮助很多发展中国家实现了债务重组。[②] 通过这些举措，日本在战后重新树立了良好的国际形象，进一步维护了本国的海外利益。

（二）以经济实力推动政治影响力，充分挖掘国际机制的潜力

除了大力开展对外援助外，日本还特别注重经济实力的政治效应。突出表现就是日本积极追求在国际货币基金组织、亚洲开发银行等国际经济组织中的话语权和投票权，从而实现自身利益的最大化。日本的重要性在于，其是世界三大经济体之一，每年都在开辟新的商品市场，是所有具备影响力的国际经济组织的成员国。[③] 国际货币基金组织是当今世界两大主要金融机构之一，有191个成员国，在国际金融事务中有着极大的影响力。[④] 日本借助自身强大的经济实力，在1973年布雷顿森林体系崩溃后，使本国货币成为国际货币基金组织特别提款权定值所用16种"一篮子货币"中的一种；而且，在之后的数次调整中，日元始终保持着世界五大

[①] Eric Hegibotham and Richard J. Samuels, "Mercantile Realism and Japanese Foreign Policy", *International Security*, Vol. 22, No. 4, 1998, pp. 171-203.

[②] Inoguchi Takashi, "Japan's Image and Options: Not a Challenger, but a Supporter", *Journal of Japanese Studies*, Vol. 12, No. 1, 1986, pp. 95-119. 该文章认为，一个国家在国际社会中的角色有四种——国际规则和秩序的领导者、支持者、破坏者和搭便车者，而日本在更大程度上是一个支持者。

[③] Seymour Broadbridge and Martin Collick, "Japan's International Policies: Political and Economic Motivations", *International Affairs*, Vol. 44, No. 2, 1968, pp. 240-253.

[④] 李若谷：《改革国际货币基金组织的治理结构》，载《中国货币市场》，2004年第11期。

货币之一的重要位置，所占比重仅次于美元和德国马克（之后为欧元），位居第三；在2016年人民币"入篮"后，日元降至第四位。①

亚洲开发银行是亚太地区金融发展和治理的重要组织机构，共有68个成员国，其中49个来自区域内，19个来自区域外，其行长一般由日本人出任。在亚洲开发银行认股份额和投票权重上，日本和美国并驾齐驱，并列第一，拥有一票否决权。②与此同时，日本还是世界贸易组织成员之一，并积极争取联合国安理会常任理事国的席位。正是通过利用这些国际组织和国际机制，日本拓展和维护了本国的海外利益。

（三）依附美国的安全保护，不断强化日美同盟关系

二战后，对于国家走向何处，日本国内曾发生激烈的辩论，最后，"吉田主义"（Yoshida Doctrine）占据上风，并在此后日本内政外交的发展过程中扮演了极其重要的角色。素有日本"政治巨人"之称的吉田茂首相呼吁，日本要尝试成为"一个好的失败者"（A Good Loser），积极与胜利者美国合作，接受美国的军事保护和政治领导。他认为，只有如此，才能使日本摆脱耻辱、重新赢得尊严。③这一方针为日本争得了喘息之机，使日本充分抓住了冷战的机遇，再次在经济上强大了起来。伴随着1951年《旧金山对日和约》和《美日安全保障条约》的签订，美国正式成为日本的盟友和在安全上的"保护国"。时至今日，同美国的关系仍是

---

① IMF,"Special Drawing Right SDR",http：//www.imf.org/external/np/exr/facts/sdr.htm.
② Asian Development Bank,"About ADB",https://www.adb.org/about/main.
③ Yoichi Funabashi,"Japan and America:Global Partners",*Foreign Policy*,No.86,1992,pp.24-39.

日本"最主要的生命线"①。一方面，日本充分利用了与美国的特殊关系来获得全球其他国家对本国地位的承认，以此为渠道迈向国际经济和金融的中心舞台；另一方面，日本通过搭乘美国的便车，借助美国提供的国际秩序等公共物品，确保了本国的航行自由和稳定的石油供应。

进入 21 世纪以来，日本开始在日美同盟的框架下，增加本国在军事行动上的自主性，以此来应对日益复杂的国际安全形势。② 2003 年，美国发动伊拉克战争，日本派遣自卫队进行后勤支援，大力推进自卫队走出国门；2011 年起，日本在吉布提的军事基地投入使用；2015 年，新版的《日美防卫合作指针》（The Guidelines for Japan-U.S. Defense Cooperation）发布，日美两国决定继续强化他们的双边同盟关系，以保障日本的安全，促进亚太地区及其他地区的稳定、和平与繁荣，并特别突出两国同盟关系的"全球性质"。③ 近年来，"美日+"引领安全合作的趋势不断显现，"美日高度重视合作成员扩容，积极促进美日韩合作、美日印澳'四边机制'作用发挥及美日联盟与跨大西洋关系联动，一定程度加快了'北约印太化'和'印太北约化'进程"④。日本希望通过拓展盟伴关系、提升军事行动能力巩固其在"印太地区"的地位，维护自身的海外利益。

---

① 兹比格纽·布热津斯基著，中国国际问题研究所译：《大棋局》，上海：上海人民出版社，2007 年版，第 145 页。
② David Arase, "Japan, the Active State?: Security Policy After 9/11", *Asian Survey*, Vol. 47, No. 4, 2007, pp. 560-583.
③ Ministry of Defense, "The Guidelines for Japan-U.S. Defense Cooperation", http://www.mod.go.jp/e/d_act/anpo/shishin_20150427e.html.
④ 凌胜利、杨曦：《拜登执政以来"印太战略"背景下的美日安全合作探析》，载《国家安全论坛》，2023 年第 4 期。

四、日本海外利益维护的启示

日本是世界上拥有超大规模海外利益的国家之一。通过开展对外交往，日本在提高本国人民生活质量的同时，极大地丰富了自身的国家利益。在经济的发展水平和发达程度上，日本长期在亚洲居于领先地位。其以"经济"为核心的海外利益维护举措，有诸多值得反思之处。

第一，在海外利益维护上，日本充分发挥自身优势。在政治和军事能力受到限制的情况下，日本充分发挥了经济和外交的作用，并将二者紧密地结合起来。美国学者何理凯（Eric Heginbotham）和萨缪尔斯（Richard J. Samuels）把日本的这种外交政策称为"商业现实主义"（Mercantile Realism），即把技术经济安全利益作为国家外交的出发点和落脚点。[1] 这是冷战时期日本对国际体系结构作出的反应。[2] 日本充分利用了美苏冷战所提供的机遇，把握住了发展的"战略机遇期"，以经济为抓手，在短时间内实现了崛起，成为全球经济大国。经济发展既是日本追求的目标，也是其获得影响力的资源。日本充分发挥了经济所产生的政治和安全效应，彰显了经济力的战略性能。日本开展的对外援助及日本在重要国际经济组织中获得的份额和投票权重，都为其维护本国关键利益提供了重要工具。

第二，在海外利益的维护上，日本的劣势较为明显。相较于日本的经

---

[1] Eric Hegibotham and Richard J. Samuels, "Mercantile Realism and Japanese Foreign Policy", *International Security*, Vol. 17, No. 4, 1998, pp. 171-203.

[2] Kenneth B. Pyle, "Profound Forces in the Making of Modern Japan", *The Journal of Japanese Studies*, Vol. 32, No. 2, 2006, pp. 393-418.

济实力,其政治和军事实力较为匮乏。① 在国家实力的综合指标上,它存在"结构性不足"。受限于二战后"和平宪法"施加的体制约束,加之主要依靠美国的军事保护和政治领导,日本缺乏在国际政治和安全事务中的影响力。美国学者佩尔(Kenneth B. Pyle)认为,由于日本长期没有在世界事务中发挥政治作用,它那曾被高度赞扬的经济体制又出人意料地运转失灵,日本的国际形象大受损害。② 在遭遇"失去的二十年""失去的三十年"之后,日本的海外利益和国际地位都不及巅峰期。目前,日本正在进行转向,力争成为一个"正常国家",但进展并不顺利。

中国与日本不同,从历史上来看,中国始终是一个和平贡献国。在第二次世界大战中,中国为亚洲战场的胜利作出了突出贡献,在整个战局中发挥了至关重要的作用。中国是二战的战胜国,是联合国创始成员国,是安理会五大常任理事国之一,在政治、经济、军事、文化等各个方面都享有国际法赋予的正当权利。长期以来,中国坚持独立自主的和平外交政策,坚持走和平发展道路,在国际政治、经济、金融和安全各领域积极发挥负责任大国作用。日本的海外利益维护启示中国,要更加积极参与国际政治、经济和安全事务,全方位提升自身影响力。在对外交往中,中国要保持自身的战略定力,坚持对话不对抗、结伴不结盟,构建伙伴关系网络,扩大"朋友圈";要承担大国责任,展现大国担当,继续做世界和平

---

① 即便在经济上,日本也并非尽善尽美。在思考二战后日本经济30年的发展带来的启示时,北村弘(Hiroshi Kitamura)认为,日本的经济表现并非一个"奇迹",在其"优雅循环式"(Virtuous-Circle)增长的机制中,毁灭的种子已经埋下。日本经济存在两大外部性失衡:出口和进口不平衡、资本流出与流入不平衡。参见 Hiroshi Kitamura,"Japan's Economic Growth and Its International Implications",*The World Today*, Vol. 27, No. 5, 1971, pp. 195-202。

② 罗伯特·A. 帕斯特编,胡利平译:《世纪之旅:世界七大国百年外交风云》,上海:上海人民出版社,2001年版,第303页。

的建设者、全球发展的贡献者、国际秩序的维护者,借助国际机制、国际规则的力量,同国际社会一道,构建人类命运共同体,促进中国与世界共同发展与进步。

第五章

新时代中国海外利益维护的政策主张

新时代中国海外利益进一步拓展、不断丰富,中国海外利益维护面临新的形势、挑战与问题。《中共中央关于进一步全面深化改革 推进中国式现代化的决定》指出:"强化海外利益和投资风险预警、防控、保护体制机制,深化安全领域国际执法合作,维护我国公民、法人在海外合法权益。"① 本章遵循"目标—手段—影响""观念—权力—制度""国家治理—地区治理—全球治理"的逻辑,第一节讨论了新时代中国海外利益维护的目标,第二节梳理了新时代中国海外利益维护的主要政策主张,第三节探讨了新时代中国海外利益维护可能产生的影响。

第一节 中国海外利益维护的目标

战略学给我们的最重要告诫之一就是要确立好目标。② 新时代中国海外利益维护要实现的目标不是单一的、固化的,而是立意深远的、与时俱

---

① 《中共中央关于进一步全面深化改革推进中国式现代化的决定》,载《人民日报》,2024年7月22日,第1版。
② 李德·哈特著,钮先钟译:《战略论:间接路线》,上海:上海人民出版社,2010年版,序,第4页。

进的。

新时代中国海外利益维护的直接目标是保障中国海外利益的安全。在这个层次上，它的含义是：应对或规避中国海外利益面临的风险，确保其处于一种稳定和安全的状态。党的二十大报告指出："加强海外安全保障能力建设，维护我国公民、法人在海外合法权益。"[1]

新时代中国海外利益维护的拓展目标是促进中国的国家安全与发展。在这个层次上，它的含义是：在更大范围内推动中国政治、经济、军事、文化等领域的安全与发展，使之处于一种不断优化的状态。党的二十届三中全会指出："必须全面贯彻总体国家安全观，完善维护国家安全体制机制，实现高质量发展和高水平安全良性互动，切实保障国家长治久安。"[2] 中国海外利益维护不仅要求维护我国的利益，还要求发展我国的利益，为保障中国国家安全、推动经济社会高质量可持续发展、构建新发展格局提供有力支撑。

新时代中国海外利益维护的延伸目标是推动地区和全球治理。在这个层次上，它的含义是：在地区范围内和全球范围内塑造和平稳定的环境，营造和谐友好的发展氛围，创造合作共赢的良好局面，推动构建人类命运共同体。党的十九大报告指出："倡导构建人类命运共同体，促进全球治理体系变革。"[3] 党的二十大报告指出："中国积极参与全球治理体系改革

---

[1] 习近平：《高举中国特色社会主义伟大旗帜 为全面建设社会主义现代化国家而团结奋斗——在中国共产党第二十次全国代表大会上的报告》，载《人民日报》，2022年10月26日，第1版。
[2] 《中共二十届三中全会在京举行》，载《人民日报》，2024年7月19日，第1版。
[3] 习近平：《决胜全面建成小康社会 夺取新时代中国特色社会主义伟大胜利——在中国共产党第十九次全国代表大会上的报告》，载《人民日报》，2017年10月28日，第1版。

和建设，践行共商共建共享的全球治理观，坚持真正的多边主义，推进国际关系民主化，推动全球治理朝着更加公正合理的方向发展。"①中国要在拓展和维护自身海外利益的同时，促进地区治理，推动区域共同发展，维护全球秩序，推进全球治理。正如习近平总书记所指出的："我们要树立世界眼光，更好把国内发展与对外开放统一起来，把中国发展与世界发展联系起来，把中国人民利益同各国人民共同利益结合起来，不断扩大同各国的互利合作，以更加积极的姿态参与国际事务，共同应对全球性挑战，努力为全球发展作出贡献。"②

第二节 新时代中国海外利益维护的主要政策主张

目前，中国海外利益维护所面临的国内外环境、时代背景都与以往大国有所差别。我们必须坚持正确的历史观、大局观、发展观，看清当前国际国内形势纷繁复杂现象下的本质，做到临危不乱、危中寻机、开拓进取、开辟新局，更好统筹中华民族伟大复兴战略全局和世界百年未有之大变局。③新时代中国海外利益维护从中国的基本国情出发，汲取中华优秀传统文化精髓，走出了一条中国特色海外利益维护之路。

一、观念层面

在观念层面，新时代中国海外利益维护注重在维护和拓展本国海外利

---

① 习近平：《高举中国特色社会主义伟大旗帜 为全面建设社会主义现代化国家而团结奋斗——在中国共产党第二十次全国代表大会上的报告》，载《人民日报》，2022年10月26日，第1版。
② 习近平：《论坚持推动构建人类运命共同体》，北京：中央文献出版社，2018年版，第3页。
③ 习近平：《新发展阶段贯彻新发展理念必然要求构建新发展格局》，载《求是》，2022年第17期。

益的过程中,尊重和维护其他国家合理、合法的权益,在利益交融和互利共赢中实现自身利益的"保值"和"增值"。

(一) 弘扬和平共处五项原则

和平共处五项原则是中国外交中最为基础性的原则,顺应了历史发展潮流和时代需要,始终保持着旺盛的生命力。王家福认为中国首倡的和平共处五项原则乃"当世之名典",并对其进行战略性评析,主要包括七个方面:"策时",在新时代起点上,界定了世界和平与发展的全球性准则;"策论",从根本上否定了"固守绝对的目的,实施绝对的手段,图谋夺得绝对的胜利"的军事战绝对哲学;"策人",在一切为了人、一切决定于人的时代,现代人成为国际社会的真正主人;"策体",对西方"均势"体制即强权政治及其分而制之和互相利用等"霸术"的完全否定;"策应",继往开来,纵向综合了东西方以及伊斯兰文化,横向在当代世界广泛传播;"策术",以中含全、以静策动,即在和平共处中竞争;"策变",以"平等互利"取代"互相利用",以"和平共处"取代"分而治之",推动世界走向和平发展的道路。[1] 和平共处五项原则是中国对世界的原创性贡献。中国将坚定不移走和平发展道路,致力于促进开放的发展、合作的发展、共赢的发展,同时呼吁各国共同走和平发展道路。[2]

(二) 秉持真实亲诚理念和正确义利观

2013年3月24日至30日,在访问坦桑尼亚、南非和刚果共和国期间,习近平主席提出秉持真实亲诚理念和正确义利观,加强同发展中国

---

[1] 王家福:《世界六强国盛衰战略观》,长春:吉林人民出版社,1998年版,第52—53页。
[2] 习近平:《习近平著作选读》(第一卷),北京:人民出版社,2023年版,第107页。

家团结合作，维护发展中国家共同利益。在坦桑尼亚尼雷尔国际会议中心演讲时，习近平主席表示："对待非洲朋友，我们讲一个'真'字"，"开展对非合作，我们讲一个'实'字"，"加强中非友好，我们讲一个'亲'字"，"解决合作中的问题，我们讲一个'诚'字"。①之后，在多个国内国际场合，中国政府一再强调，坚持正确义利观，义利兼顾，讲信义，重情义，扬正义，树道义。正确义利观不承认丛林法则、霸权主义，反对以大欺小、以强凌弱、以众暴寡、以富压贫，强调相互尊重、合作共赢、共同发展。中国主张，各国应摒弃一味谋求自身更大利益的狭隘思维，纠正"赢者通吃"的过时做法，坚持以双赢、多赢、共赢为目标，在追求本国利益时兼顾各国合理关切，在谋求本国发展时促进各国共同发展。②

（三）坚持亲、诚、惠、容的周边外交理念

2013年10月24日，习近平总书记在周边外交工作座谈会上发表重要讲话时强调："我国周边外交的基本方针，就是坚持与邻为善、以邻为伴，坚持睦邻、安邻、富邻，突出体现亲、诚、惠、容的理念。发展同周边国家睦邻友好关系是我国周边外交的一贯方针。要坚持睦邻友好，守望相助；讲平等、重感情；常见面，多走动；多做得人心、暖人心的事，使周边国家对我们更友善、更亲近、更认同、更支持，增强亲和力、感召力、影响力。要诚心诚意对待周边国家，争取更多朋友和伙伴。要本着互

---

① 习近平：《永远做可靠朋友和真诚伙伴——在坦桑尼亚尼雷尔国际会议中心的演讲》，载《人民日报》，2013年3月26日，第2版。
② 和音：《义利相兼 以义为先——加强同发展中国家团结合作⑤》，载《人民日报》，2023年3月30日，第3版。

惠互利的原则同周边国家开展合作，编织更加紧密的共同利益网络，把双方利益融合提升到更高水平，让周边国家得益于我国发展，使我国也从周边国家共同发展中获得裨益和助力。要倡导包容的思想，强调亚太之大容得下大家共同发展，以更加开放的胸襟和更加积极的态度促进地区合作。"①

（四）坚定不移贯彻总体国家安全观

2014年4月15日，在中央国家安全委员会第一次会议上，习近平总书记指出："当前我国国家安全内涵和外延比历史上任何时候都要丰富，时空领域比历史上任何时候都要宽广，内外因素比历史上任何时候都要复杂，必须坚持总体国家安全观，以人民安全为宗旨，以政治安全为根本，以经济安全为基础，以军事、文化、社会安全为保障，以促进国际安全为依托，走出一条中国特色国家安全道路。贯彻落实总体国家安全观，必须既重视外部安全，又重视内部安全，对内求发展、求变革、求稳定、建设平安中国，对外求和平、求合作、求共赢、建设和谐世界；既重视国土安全，又重视国民安全，坚持以民为本、以人为本，坚持国家安全一切为了人民、一切依靠人民，真正夯实国家安全的群众基础；既重视传统安全，又重视非传统安全，构建集政治安全、国土安全、军事安全、经济安全、文化安全、社会安全、科技安全、信息安全、生态安全、资源安全、核安全等于一体的国家安全体系；既重视发展问题，又重视安全问题，发展是安全的基础，安全是发展的条件，富国才能强兵，强兵才能卫国；既重视

---

① 钱彤、李学仁：《习近平在周边外交工作座谈会上发表重要讲话强调为我国发展争取良好周边环境推动我国发展更多惠及周边国家》，载《人民日报》，2013年10月26日，第1版。

自身安全，又重视共同安全，打造命运共同体，推动各方朝着互利互惠、共同安全的目标相向而行。"① 党的十九大报告指出："坚持总体国家安全观。必须坚持国家利益至上，……加强国家安全能力建设，坚决维护国家主权、安全、发展利益。"② 总体国家安全观关键在"总体"，强调的是做好国家安全工作的系统思维和方法，突出的是"大安全"理念，涵盖政治、军事、国土、经济、文化、社会、科技、网络、生态、资源、核、海外利益、太空、深海、极地、生物等诸多领域，无所不在，而且将随着社会发展不断拓展。③

（五）坚持共同、综合、合作、可持续的新安全观

2014年5月，习近平主席在亚洲相互协作与信任措施会议第四次峰会上指出："我们认为，应该积极倡导共同、综合、合作、可持续的亚洲安全观，创新安全理念，搭建地区安全和合作新架构，努力走出一条共建、共享、共赢的亚洲安全之路。共同，就是要尊重和保障每一个国家安全。……综合，就是要统筹维护传统领域和非传统领域安全。……合作，就是要通过对话合作促进各国和本地区安全。……可持续，就是要发展和安全并重以实现持久安全。"④ 2017年12月，习近平总书记在中国共产党与世界政党高层对话会上指出："面对日益复杂化、综合化的安全威胁，

---

① 《习近平强调坚持总体国家安全观走中国特色国家安全道路》，载《人民日报》，2014年4月16日，第1版。

② 习近平：《决胜全面建成小康社会夺取新时代中国特色社会主义伟大胜利——在中国共产党第十九次全国代表大会上的报告》，载《人民日报》，2017年10月28日，第1版。

③ 中共中央宣传部编：《习近平新时代中国特色社会主义思想学习纲要》，北京：学习出版社、人民出版社，2019年版，第178页。

④ 习近平：《积极树立亚洲安全观共创安全合作新局面——在亚洲相互协作与信任措施会议第四次峰会上的讲话》，载《人民日报》，2014年5月22日，第2版。

单打独斗不行，迷信武力更不行。我们应该坚持共同、综合、合作、可持续的新安全观，营造公平正义、共建共享的安全格局。"① 2019年3月，习近平主席在中法全球治理论坛闭幕式上强调："我们要秉持共同、综合、合作、可持续的新安全观，摒弃冷战思维、零和博弈的旧思维，摒弃弱肉强食的丛林法则，以合作谋和平、以合作促安全，坚持以和平方式解决争端，反对动辄使用武力或以武力相威胁，反对为一己之私挑起事端、激化矛盾，反对以邻为壑、损人利己，各国一起走和平发展道路，实现世界长久和平。"②

这些理念共同表明了中国在对外开放、走向世界的过程中坚持的利益和安全观念。中国认为，只有把自身利益嵌植于他国利益、地区利益和全人类的利益之中，在维护和拓展自身利益的同时兼顾他者的利益，才能使自身的利益长期处于安全的状态。

二、内政外交举措层面

在内政外交层面，新时代中国海外利益维护既体现在中国不断深化改革、扩大开放上，也体现在中国提出一系列倡议，为全球治理贡献中国智慧、中国方案上。

（一）全面深化改革

2013年11月，党的十八届三中全会召开，研究了全面深化改革的若干重大问题并作出决定。全会"认为改革开放是党在新的时代条件下带

---

① 习近平：《携手建设更加美好的世界——在中国共产党与世界政党高层对话会上的主旨讲话》，载《人民日报》，2017年12月2日，第2版。
② 习近平：《为建设更加美好的地球家园贡献智慧和力量——在中法全球治理论坛闭幕式上的讲话》，载《中华人民共和国国务院公报》，2019年第10期。

领全国各族人民进行的新的伟大革命，是当代中国最鲜明的特色，是决定当代中国命运的关键抉择，是党和人民事业大踏步赶上时代的重要法宝"①。《中共中央关于全面深化改革若干重大问题的决定》指出："全面深化改革的总目标是完善和发展中国特色社会主义制度，推进国家治理体系和治理能力现代化。"② 2024年7月，中共二十届三中全会召开，研究了进一步全面深化改革、推进中国式现代化问题并作出决定，提出进一步全面深化改革的总目标："继续完善和发展中国特色社会主义制度，推进国家治理体系和治理能力现代化。到二〇三五年，全面建成高水平社会主义市场经济体制，中国特色社会主义制度更加完善，基本实现国家治理体系和治理能力现代化，基本实现社会主义现代化，为到本世纪中叶全面建成社会主义现代化强国奠定坚实基础"，并要求聚焦"推进高水平对外开放，建成现代化经济体系，加快构建新发展格局，推动高质量发展"。③

（二）推动构建人类命运共同体

2013年3月，习近平主席在莫斯科国际关系学院演讲时指出，这个世界"越来越成为你中有我、我中有你的命运共同体"④；在访问非洲三国期间提出"中非从来都是命运共同体"⑤。同年10月，在访问东盟期

---

① 《中国共产党第十八届中央委员会第三次全体会议公报》，载《实践（党的教育版）》，2013年第12期。
② 《中共中央关于全面深化改革若干重大问题的决定》，新华社北京11月15日电。
③ 《中共中央关于进一步全面深化改革推进中国式现代化的决定》，载《人民日报》，2024年7月22日，第1版。
④ 习近平：《顺应时代前进潮流促进世界和平发展》，载《人民日报》，2013年3月24日，第2版。
⑤ 习近平：《永远做可靠朋友和真诚伙伴——在坦桑尼亚尼雷尔国际会议中心的演讲》，载《人民日报》，2013年3月16日，第2版。

间，习近平主席号召打造"中国-东盟命运共同体"①。2014年7月，在中国-拉美和加勒比国家领导人会晤上，习近平主席倡导"努力构建携手共进的命运共同体"②。同年11月，在中央外事工作会议上，习近平总书记要求致力于"打造周边命运共同体"③。2015年3月，在博鳌亚洲论坛上，习近平主席提出"通过迈向亚洲命运共同体，推动建设人类命运共同体"④。同年4月，习近平主席在巴基斯坦倡导"构建中巴命运共同体"⑤。同年9月，在联合国大会上，习近平主席提出"同心打造人类命运共同体"⑥。同年12月，在第二届世界互联网大会开幕式上，习近平主席号召各国"共同构建网络空间命运共同体"⑦。2016年6月，在乌兹别克斯坦访问时，习近平主席撰文指出："中乌是平等互利、安危与共、合作共赢的利益共同体和命运共同体。"⑧ 面对"人类向何处去"这一时代之问，中国的回答是：携手构建人类命运共同体。⑨ 构建人类命运共同体的核心内涵在于"建设一个持久和平、普遍安全、共同繁荣、开放包容、

---

① 习近平：《携手建设中国-东盟命运共同体——在印度尼西亚国会的演讲》，载《人民日报》，2013年10月4日，第2版。
② 习近平：《努力构建携手共进的命运共同体》，载《人民日报》，2014年7月19日，第2版。
③ 《中央外事工作会议在京举行》，载《人民日报》，2014年11月30日，第1版。
④ 习近平：《迈向命运共同体开创亚洲新未来》，载《人民日报》，2015年3月29日，第2版。
⑤ 习近平：《构建中巴命运共同体 开辟合作共赢新征程》，载《人民日报》，2015年4月22日，第2版。
⑥ 习近平：《携手构建合作共赢新伙伴 同心打造人类命运共同体》，载《人民日报》，2015年9月29日，第2版。
⑦ 徐隽：《习近平出席第二届世界互联网大会开幕式并发表主旨演讲》，载《人民日报》，2015年12月17日，第1版。
⑧ 习近平：《谱写中乌友好新华章》，载《人民日报》，2016年6月22日，第1版。
⑨ 赵乐际：《团结协作，共迎挑战，携手开创亚洲和世界美好未来——在博鳌亚洲论坛2024年年会开幕式上的主旨演讲》，载《人民日报》，2024年3月29日，第2版。

清洁美丽的世界"①。

（三）推动高质量共建"一带一路"

2013年秋天，习近平主席在哈萨克斯坦和印度尼西亚提出共建"丝绸之路经济带"和"21世纪海上丝绸之路"，即共建"一带一路"倡议。2017年5月，习近平主席在"一带一路"国际合作高峰论坛开幕式上提出，要将"一带一路"建成和平之路、繁荣之路、开放之路、创新之路、文明之路，"欢迎各国结合自身国情，积极发展开放型经济，参与全球治理和公共产品供给，携手构建广泛的利益共同体"②。2019年4月，习近平主席在第二届"一带一路"国际合作高峰论坛开幕式上的主旨演讲中提出："共建'一带一路'，顺应经济全球化的历史潮流，顺应全球治理体系变革的时代要求，顺应各国人民过上更好日子的强烈愿望。面向未来，我们要聚焦重点、深耕细作，共同绘制精谨细腻的'工笔画'，推动共建'一带一路'沿着高质量发展方向不断前进。"③ 2023年10月，习近平主席在第三届"一带一路"国际合作高峰论坛开幕式上指出："当前，世界之变、时代之变、历史之变正以前所未有的方式展开。中国正在以中国式现代化全面推进强国建设、民族复兴伟业。我们追求的不是中国独善其身的现代化，而是期待同广大发展中国家在内的各国一道，共同实现现代化。世界现代化应该是和平发展的现代化、互利合作的现代化、共

---

① 中共中央宣传部、中华人民共和国外交部编：《习近平外交思想学习纲要》，北京：人民出版社、学习出版社，2021年版，第58页。
② 习近平：《携手推进"一带一路"建设——在"一带一路"国际合作高峰论坛开幕式上的演讲》，载《人民日报》，2017年5月15日，第3版。
③ 习近平：《齐心开创共建"一带一路"美好未来——在第二届"一带一路"国际合作高峰论坛开幕式上的主旨演讲》，载《人民日报》，2019年4月27日，第3版。

同繁荣的现代化。"①

(四) 全面推进中国特色大国外交

2014年11月,中央外事工作会议在北京举行,习近平总书记强调:"中国必须有自己特色的大国外交。我们要在总结实践经验的基础上,丰富和发展对外工作理念,使我国对外工作有鲜明的中国特色、中国风格、中国气派。……要切实维护我国海外利益,不断提高保障能力和水平,加强保护力度。"② 党的二十大报告指出:"中国坚持在和平共处五项原则基础上同各国发展友好合作,推动构建新型国际关系,深化拓展平等、开放、合作的全球伙伴关系,致力于扩大同各国利益的汇合点。促进大国协调和良性互动,推动构建和平共处、总体稳定、均衡发展的大国关系格局。"③

(五) 提出"三大全球倡议"

2021年9月,习近平主席在第七十六届联合国大会一般性辩论上提出了全球发展倡议,强调坚持发展优先,坚持以人民为中心,坚持普惠包容,坚持创新驱动,坚持人与自然和谐共生,坚持行动导向。④ 2022年4月,习近平主席在博鳌亚洲论坛2022年年会开幕式上提出了全球安全倡议,强调"坚持共同、综合、合作、可持续的安全观,共同维护世界和

---

① 习近平:《建设开放包容、互联互通、共同发展的世界—在第三届"一带一路"国际合作高峰论坛开幕式上的主旨演讲》,载《人民日报》,2023年10月19日,第2版。
② 《中央外事工作会议在京举行》,载《人民日报》,2014年11月30日,第1版。
③ 习近平:《高举中国特色社会主义伟大旗帜 为全面建设社会主义现代化国家而团结奋斗——在中国共产党第二十次全国代表大会上的报告》,载《人民日报》,2022年10月26日,第1版。
④ 习近平:《坚定信心 共克时艰 共建更加美好的世界——在第七十六届联合国大会一般性辩论上的讲话》,载《人民日报》,2021年9月22日,第2版。

平和安全；坚持尊重各国主权、领土完整，不干涉别国内政，尊重各国人民自主选择的发展道路和社会制度；坚持遵守联合国宪章宗旨和原则，摒弃冷战思维，反对单边主义，不搞集团政治和阵营对抗；坚持重视各国合理安全关切，秉持安全不可分割原则，构建均衡、有效、可持续的安全架构，反对把本国安全建立在他国不安全的基础之上；坚持通过对话协商以和平方式解决国家间的分歧和争端，支持一切有利于和平解决危机的努力，不能搞双重标准，反对滥用单边制裁和"长臂管辖"；坚持统筹维护传统领域和非传统领域安全，共同应对地区争端和恐怖主义、气候变化、网络安全、生物安全等全球性问题"①。2023 年 3 月，习近平总书记在中国共产党与世界政党高层对话会上提出了全球文明倡议，强调要共同倡导尊重世界文明多样性，共同倡导弘扬全人类共同价值，共同倡导重视文明传承和创新，共同倡导加强国际人文交流合作。②

（六）不断增强国家文化软实力和中华文化影响力

2013 年 12 月，习近平总书记在中共中央政治局第十二次集体学习时指出："提高国家文化软实力，要努力展示中华文化独特魅力。"③ 党的二十大报告指出："增强中华文明传播力影响力。坚守中华文化立场，提炼展示中华文明的精神标识和文化精髓，加快构建中国话语和中国叙事体系，讲好中国故事、传播好中国声音，展现可信、可爱、可敬的中国形

---

① 习近平：《携手迎接挑战，合作开创未来——在博鳌亚洲论坛 2022 年年会开幕式上的主旨演讲》，载《人民日报》，2022 年 4 月 22 日，第 2 版。
② 习近平：《携手同行现代化之路——在中国共产党与世界政党高层对话会上的主旨讲话》，载《人民日报》，2023 年 3 月 16 日，第 2 版。
③ 《习近平：建设社会主义文化强国 着力提高国家文化软实力》，http://politics.people.com.cn/n/2014/0101/c1001-23994334.html。

象。加强国际传播能力建设，全面提升国际传播效能，形成同我国综合国力和国际地位相匹配的国际话语权。深化文明交流互鉴，推动中华文化更好走向世界。"[1] 2023年10月，习近平总书记对宣传思想文化工作作出重要指示："着力加强国际传播能力建设、促进文明交流互鉴，……不断提升国家文化软实力和中华文化影响力。"[2]

三、国际机制层面

新时代中国海外利益维护需要依靠国际机制。一方面，中国主动维护现有国际机制，并促进其朝着更加公正合理的方向发展；另一方面，中国积极倡导和创设新的国际机制，弥补当前全球公共产品供给的不足。

对待现有国际机制，中国在遵守、维护和利用的基础上，努力推动其朝着更加公正合理的方向发展。2015年9月，习近平主席在第七十届联合国大会上表示："中国将始终做国际秩序的维护者，坚持走合作发展的道路。中国是第一个在联合国宪章上签字的国家，将继续维护以联合国宪章宗旨和原则为核心的国际秩序和国际体系。"[3] 2021年9月，习近平主席在第七十六届联合国大会上指出："联合国应该高举真正的多边主义旗帜，成为各国共同维护普遍安全、共同分享发展成果、共同掌握世界命运的核心平台。要致力于稳定国际秩序，提升广大发展中国家在国际事务中的代表性和发言权，在推动国际关系民主化和法治化方面走在前列。要平

---

[1] 习近平：《高举中国特色社会主义伟大旗帜 为全面建设社会主义现代化国家而团结奋斗——在中国共产党第二十次全国代表大会上的报告》，载《人民日报》，2022年10月26日，第1版。

[2] 《习近平对宣传思想文化工作作出重要指示》，https://www.gov.cn/yaowen/liebiao/202310/content_6907766.htm。

[3] 习近平：《携手构建合作共赢新伙伴 同心打造人类命运共同体——在第七十届联合国大会一般性辩论时的讲话》，载《人民日报》，2015年9月29日，第2版。

衡推进安全、发展、人权三大领域工作，制定共同议程，聚焦突出问题，重在采取行动，把各方对多边主义的承诺落到实处。"① 2016年9月，习近平主席在二十国集团工商峰会开幕式上指出："中方主办杭州峰会的目标之一，是推动二十国集团实现从短期政策向中长期政策转型，从危机应对向长效治理机制转型，巩固其作为全球经济治理重要平台的地位。"② 2019年11月，习近平主席在会见国际货币基金组织总裁格奥尔基耶娃时指出："当前全球经济增长趋缓，下行风险加大，保护主义抬头，多边主义和自由贸易面临严峻挑战，国际社会对国际货币基金组织的作用有着更高期待。希望在你领导下，国际货币基金组织进一步完善国际货币及其治理体系，提高新兴市场国家和发展中国家代表性和发言权。"③ 2023年9月，习近平总书记在中共中央政治局第八次集体学习时强调："参与世界贸易组织改革，要坚定维护以世界贸易组织为核心的多边贸易体制权威性和有效性，积极推动恢复世界贸易组织争端解决机制正常运转。"④

在倡导和创设新的国际组织和机制上，中国也在积极贡献自身力量。在经贸领域，共建"一带一路"倡议将中国的发展与相关国家的发展相对接，为世界经济增长注入新动能，为全球发展开辟新空间，为国际经济

---

① 习近平：《坚定信心 共克时艰 共建更加美好的世界——在第七十六届联合国大会一般性辩论上的讲话》，载《人民日报》，2021年9月22日，第2版。

② 习近平：《中国发展新起点 全球增长新蓝图——在二十国集团工商峰会开幕式上的主旨演讲》，载《人民日报》，2016年9月4日，第3版。

③ 《习近平会见国际货币基金组织总裁格奥尔基耶娃》，https://www.gov.cn/xinwen/2019-11/22/content_5454540.htm。

④ 《习近平在中共中央政治局第八次集体学习时强调：积极参与世界贸易组织改革提高驾驭高水平对外开放能力》，https://www.gov.cn/yaowen/liebiao/202309/content_6906628.htm。

合作打造新平台。在金融领域，中国支持并参与的金砖国家新开发银行自2015年7月21日开始运营以来，专注于新能源推广和节能减排，首个项目已成功落地上海；中国作为倡导国和第一大股东的亚洲基础设施投资银行在推动发展中国家基础设施建设方面的作用日益凸显。在安全领域，中国作为主要成员国的上海合作组织正在成为保障地区安全，打击恐怖主义、分裂主义和宗教激进主义的重要机构。2017年，上海合作组织完成首次扩员，印度、巴基斯坦成为正式成员国；2023年，伊朗正式成为上海合作组织成员国；2024年，白俄罗斯成为正式成员国。新时代，上海合作组织不断拓展新领域、融入新元素，已成为本地区的安全屏障、合作桥梁、友好纽带和建设性力量。在互联网领域，中国已是网民规模居世界第一的大国。世界互联网大会国际组织总部设在中国北京。2015年12月，在乌镇召开的第二届世界互联网大会上，习近平主席提出五点主张："第一，加快全球网络基础设施建设，促进互联互通，让更多发展中国家和人民共享互联网带来的发展机遇。第二，打造网上文化交流共享平台，促进交流互鉴，推动世界优秀文化交流互鉴，推动各国人民情感交流、心灵沟通。第三，推动网络经济创新发展，促进共同繁荣，促进世界范围内投资和贸易发展，推动全球数字经济发展。第四，保障网络安全，促进有序发展，推动制定各方普遍接受的网络空间国际规则，共同维护网络空间和平安全。第五，构建互联网治理体系，促进公平正义，应该坚持多边参与、多方参与，更加平衡地反映大多数国家意愿和利益。"[1] 2024年10月24日，世界互联网大会乌镇峰会在北京举行新闻发布会，此次峰会以

---

[1] 《习近平出席第二届世界互联网大会开幕式并发表主旨演讲》，https://www.cac.gov.cn/2015-12/16/c_1117480642.htm。

"拥抱以人为本、智能向善的数字未来——携手构建网络空间命运共同体"为主题,于11月19日至22日在浙江乌镇举行。综上所述,中国正在成为一个新兴的全球公共产品"供给大国"。

总而言之,一方面,中国不断提升对国际机制的运用能力和利用国际机制维护中国海外利益的能力,另一方面,中国不断在国际机制的改革和创设上贡献力量,弥补当前全球公共产品的供给缺口,维护国际社会的和谐稳定,推动本国、地区和全球的共同发展。

第三节 中国海外利益维护的影响

一、在更深层次上成为一个全球性大国

新时代中国海外利益的维护有助于中国在更深层次上成为一个全球性大国。这包括两个维度:

第一,影响力维度。影响力是衡量一个国家综合国力的重要指标。新时代中国海外利益的维护以中国国家实力的运用和塑造为核心内容,有利于中国将自身实力资源转化为权力,从而获得更多的全球影响力。这种转换具有三个特性:一是全面性,鼓励中国全方位地释放自身活力,促进经济力、军事力、外交力和文化力的相互交织、综合运用,注重国家实力和能力的全面提升。二是重点性,有选择地突出优势、弥补劣势。要充分发挥中国的经济优势,作为提升其他能力的基础;集中展现中国的外交能力,搭建起广泛的全球伙伴关系网络;不断强化中国文化软实力,传播好中国声音,讲好中国故事,增加中国思想理念和行为的感召力。三是外部

性，针对外部形势变化和需要来进行。在力的作用方向上，以外部世界为指向；在力的影响范围上，以外部世界为空间。

第二，利益维度。新时代中国海外利益的维护有助于确保中国海外利益在全球范围内的安全，从而催生更多种类、更大规模、更宽领域的海外利益，进一步巩固中国作为一个全球性海外利益大国的地位。从最基础的层面来看，中国的利益和安全观念推广能力、政策主张推行能力和制度运用能力提升产生的直接结果就是增加相关方面的海外利益，如中国的国家形象、外交伙伴、海外资产、在国际组织中的权益等；从拓展的层面来看，中国海外利益维护有利于中国进一步"走出去"、推动共建"一带一路"，中国政府、企业、公民的海外行动更加安全，他们可以在政治、经济和文化等多领域更加安心地发展自身的利益，从而使中国的海外利益更加深入地覆盖全球。

二、在更广范围内成为一个负责任大国

新时代中国海外利益的维护有助于中国在更广范围内成为一个负责任大国，这集中体现在对地区秩序和全球秩序的维护和塑造上[1]：

第一，地区秩序。传统上，中国周边地区和西亚、北非等一些资源、能源丰富的地区是中国海外利益最为密集的地区；新时代，共建"一带一路"倡议扩大了中国海外利益的生成空间，使得共建国家及地区成为中国海外利益新的增值地域。这些地区形势复杂，存在不稳定性和突变性。为了维护自身利益，中国从两个方面参与了相关地区秩序塑造：一是主动参与地区治理议程。借助联合国的机制框架，派驻维和部队和维和警

---

[1] 郎帅：《大国领导世界：是权利还是责任？》，载《领导科学》，2017年第4期。

察，预防地区冲突，稳定地区局势，维护地区秩序；开展中国特色大国外交，建立更为紧密的国家间关系网络；开展对外援助，促进落后地区的发展；推动构建人类命运共同体，倡导互利共赢。二是积极提供地区公共物品。根据地区安全和发展需求，提出相关安全合作和经济发展倡议，倡导建立符合地区利益的国际组织和国际机制安排。例如，中国是亚洲基础设施投资银行和"丝路基金"的最大出资方。所有这些均有助于中国维护地区安全秩序和经济秩序。

第二，全球秩序。中国注重维护联合国的权威和地位，和平运用大国权力，对于在全球范围内遏制传统和非传统安全威胁具有积极意义；中国注重构建新型大国关系，搭建全球伙伴关系网络，推动构建新型国际关系；中国为应对国际金融危机和经济衰退贡献积极力量，从危机的事前防范和过程处理两个方面着手，避免世界经济再次陷入泥潭；中国坚持独立自主的和平外交政策，反对霸权主义，维护世界和平，推动建立更加公正合理的国际政治经济新秩序。[1]

三、助推中国成为领导型大国

新时代中国海外利益的维护有助于中国成为领导型大国，这主要体现在领导观念和领导能力上[2]：

第一，领导观念。新时代中国要保障自身利益安全、维护本国的海外利益，需要在地区事务和全球事务中扮演特定的领导角色。中国的海外利益已深深地植根于他国利益、地区利益和全球利益之中，要拓展和维护自

---

[1] 于军：《"一带一路"倡议与中国对外战略》，载薄贵利主编：《强国宏略：国家战略前沿问题研究》，北京：人民出版社，2016年版，第91—96页。
[2] 郎帅：《国际关系中的"位置"变化与中国的领导角色》，载《领导科学》，2016年第10期。

身利益，中国就不能置身于地区治理和全球治理的议程之外。新时代中国维护海外利益所奉行的利益和安全观念，不以追求本国利益最大化为指向，而是强调共同获益，优先照顾到了发展中国家的利益，兼顾了传统大国和其他新兴经济体的利益，引领了世界风气之先，凸显了中国的大国风格、大国气派，展现了中国作为世界大国的责任与担当。

第二，领导能力。新时代中国海外利益的维护有助于中国进一步强化国际领导力。这有两方面的蕴涵：一方面，引领未来国际领导力运用的潮流。中国的国际领导力是通过和平方式自然而然获得的。中国坚持走和平发展而非武力扩张的道路，中国国家实力的增长是通过不断发展实现的。因此，中国在维护海外利益的过程中，倡导和平运用大国权力，强调合理性和合法性，尊重他国核心关切，防范、化解、阻遏冲突，维护地区及国际秩序。另一方面，新时代中国海外利益的维护注重秩序维权，如在全球公共产品供给上，中国正在成为一个全球领导者。

结 论

中国已经发展为一个名副其实的海外利益大国。中国海外利益是中国在发展过程中通过参与国际交流而产生的、一种存在于国家领土范围以外的、新型的、合法的利益集合体。中国海外利益规模庞大、种类丰富、布局广泛，表现为政治的、经济的、安全的和文化的等各类利益，囊括了政府、企业和公民等多个主体。时至今日，中国拥有超大规模的海外利益已经成为一种"新现实"。维护好中国海外利益对于保障国家安全、提升综合国力、展现国际形象和提高国际地位都有重要价值。

伴随着中国海外利益在全球的拓展，其面临国际战争、地区冲突、国家内战、恐怖主义、流行性疾病等多种传统和非传统安全威胁，遭受打击和损失的概率和频率均在上升。与此同时，中国海外利益还需要应对来自传统大国和新兴经济体的竞争。这种形势下，中国进出口贸易、国际投资、能源资源供应、海外公民，以及海上战略通道的安全等亟须获得保障。海外利益维护也因此不可避免地成为一项重大议题，引起普遍重视。

中国已经发展出了一系列海外利益维护的举措。外交上，领事保护机制日渐完善，包括事前预警、事中救助和事后安抚各个环节，外交部、商务部、国家发改委、文化和旅游部等多部委均参与其中；军事上，中国军队开始走出国门,开展诸如维和、护航、搜救和撤侨等行动;经济上,中国加大了对外援助的力度,为相关国家提供必要的支持和帮助。

改革开放后,中国初步建立起了与外部世界互动的政治经济关系网络,大大拓展了海外利益。"走出去"使中国进入了一个受世界影响并影响世界的阶段,在加入世界贸易组织后,国际市场、国际资本、国际能源资源等对中国发展的意义越来越大。中国海外利益的快速拓展集中体现在进出口贸易、对外直接投资、能源资源进口、海外中国公民安全等领域。自2013年共建"一带一路"倡议提出并落地实施以来,中国逐渐构建一个以自身发展促进地区发展和全球发展的良性循环,中国海外利益拓展迎来了新阶段。

2004年,中国海外利益维护这一命题被提出。2008年国际金融危机以来,中国更加积极地参与全球治理,并开创性地维护自身海外利益。中国特色社会主义进入新时代,中国加强在国家安全与发展层面的谋划和设计。新时代中国海外利益的维护遵循国家治理、地区治理、全球治理三者结合的思路,把自身利益"嵌植"于他国利益、地区利益和全人类共同利益之中,在保护自身利益的同时兼顾他者利益,在利益的共生共荣中实现利益的共有和共护。中国综合运用经济、军事、外交、文化等各种力量,充分发挥自身优势,弥补劣势,不断强化和完善自身的行为能力。中国不断提升国际制度运用能力,实现制度维权。中国积极遵守、维护、利用、变革和完善现有的国际体制机制,推动全球治理体系朝着更加公正合理的方向发展。

中国海外利益研究有待持续深入。路漫漫其修远兮,吾辈须上下而求索。某种程度上，在现实和学理两个层面，中国海外利益维护的系统知识均相对匮乏。正因如此，关于中国海外利益维护的研究仍需要我国各界不断努力。本书基于新中国的成长史和世界主要大国的发展史，纵向梳理了中国海外利益维护的历程，横向考察了英、美、日等大国在海外利益维护上的经验和教训，考察了中国海外利益维护面临的风险挑战，梳理了新时代中国海外利益维护的政策主张。显然，这只是一个初步的尝试，尚存在诸多不足之处，未来需要着力加强的领域包括海外利益的价值评估体系建设、海外利益维护的理论设计、海外利益维护与国家战略的关系探讨、世界主要国家的经验挖掘等。

后 记

自2012年开始从事中国海外利益研究至今,已有十余年时间。历经硕士学位论文、博士学位论文两番打磨,方成此书。本书是中央高校基本科研业务费专项资金资助项目"人类命运共同体视域下中国海外利益保护机制与路径研究"(项目编号:22CX04011B)成果。然而,图书本身只是一个物质载体、一个"结果",成书过程却凝聚了无数人的心血。

非常感谢当代世界出版社,感谢徐嘉璐等各位编辑为本书出版付出的辛勤努力,您们严谨认真的工作态度值得称赞、令人敬佩。

还要感谢对我影响深远的四位老师。吉林大学行政学院国际政治系王家福教授以其宽广的战略视野、立体化的思维方式、一品清新的战略境界将我引入了国际政治这个领域,并激发了我对国际战略学的浓厚兴趣。十年时间,言传身教,耳濡目染,让我明白了很多为人、治学、做事的道理。我硕士和博士期间的导师肖晞教授在我的研究过程中给予了很多指导和帮助,她对党和国家大政方针的准确把握给了我很多启发。同济大学政治与国际关系学院、中国战略研究院的门洪华教授在我海外利益研究选题方面提供了大量有益建议,并支撑我从2012年坚持至今,他敏锐的洞察力、精准的判断力令我十分钦佩,他著作中的智慧于我多有资鉴,让我受益匪浅。丹麦哥本哈根大学政治学系的 Ole Waever 教授是我联合培养博士期间的外方导师，作为国际关系研究领域哥本哈根学派的领军人物，他深邃的思想、对青年人的大力支持，极大地推动了我的研究进展。

伴我一路成长的吉林大学行政学院黄凤志教授、刘清才教授、刘雪莲教授、张丽华教授、王生教授、于海洋教授、郭锐教授、姚璐教授、续延军老师、许宁老师等，主持我博士学位论文答辩会的中国政法大学教授刘长敏、辽宁大学教授李淑云均给我提出了宝贵的修改建议，他们的观点使这本书更加完善。

在此也十分感谢中国石油大学（华东）马克思主义学院、丹麦哥本哈根大学国际冲突解决中心的同事，他们乐意听我表达观点、与我讨论交流，他们针对本书的一系列提问极大地开阔了我的思路。

除此之外，在本书的形成过程中，我还得到了国内外相关领域的专家学者、师长、同学的指点，获得了家人、朋友和学伴的诸多鼓励，在此一并致谢。

郎帅
2024 年 10 月 31 日